极复杂艰险地质铁路建设技术——桥梁施工工艺工法

《极复杂艰险地质铁路建设技术——桥梁施工工艺工法》编委会　编著

中国铁道出版社有限公司
CHINA RAILWAY PUBLISHING HOUSE CO., LTD.

内 容 简 介

本书为“极复杂艰险地质铁路工程关键技术丛书”之分册。本书依托丽香铁路金沙江特大桥、连镇铁路五峰山长江特大桥、沪苏通长江公铁大桥、大瑞铁路怒江特大桥、黄韩侯铁路芝水沟特大桥五座具有世界先进水平的著名桥梁而总结提炼出来的七种桥梁施工工艺工法，解决了极复杂艰险山区铁路建设过程中可能遇到的变截面隧道式锚碇施工、超大直径主缆索夹同步分级张拉等技术难题，对提高我国极复杂艰险山区的铁路桥梁修建能力具有重要意义。

本书适合从事铁路桥梁设计、施工、科研等工作的技术人员和管理人员阅读，亦可作为高等院校学生的参考读物。

图书在版编目(CIP)数据

极复杂艰险地质铁路建设技术：桥梁施工工艺工法 /《极复杂艰险地质铁路建设技术——桥梁施工工艺工法》编委会编著. — 北京：中国铁道出版社有限公司，2024. 12. — ISBN 978-7-113-31466-8

Ⅰ. U445

中国国家版本馆 CIP 数据核字第 2024AN4885 号

书　　名：极复杂艰险地质铁路建设技术——桥梁施工工艺工法
作　　者：《极复杂艰险地质铁路建设技术——桥梁施工工艺工法》编委会

策划编辑：高　楠
责任编辑：高　楠　李　昕　　**编辑部电话：**(010)51873347　　**电子邮箱：**13522756157@163.com
编辑助理：蔡彦阁
封面设计：尚明龙
责任校对：苗　丹
责任印制：樊启鹏

出版发行：中国铁道出版社有限公司(100054，北京市西城区右安门西街 8 号)
网　　址：https://www.tdpress.com
印　　刷：北京盛通印刷股份有限公司
版　　次：2024 年 12 月第 1 版　2024 年 12 月第 1 次印刷
开　　本：787 mm×1 092 mm　1/16　**印张：**9　**字数：**138 千
书　　号：ISBN 978-7-113-31466-8
定　　价：83.00 元

前　言

铁路是关系国计民生的交通大动脉，承担着运输大宗货物和旅客的任务，高铁是交通运输现代化的重要标志，为广大人民群众出行提供了安全舒适便捷的交通方式，深刻影响和促进了国家现代化进程。“十四五”期间我国铁路建设高速发展，目前，铁路营业总里程突破16万km，其中高铁超4.6万km，我国已成功建设了世界上规模最大、现代化水平最高的铁路网。

桥梁是重要的铁路线下支撑结构，在跨越江河湖海、深山峡谷、构筑物及节约建设用地、构建城市立体交通等方面发挥着重要作用，高铁桥梁占线路平均比例约50%，运营高铁桥梁约20 600座/21 200 km。铁路桥梁建造技术坚持守正创新，不断取得新突破和新发展。2020年建成的沪苏通长江公铁大桥，在工程建造方面实现5个“世界首创”；同年通车的五峰山长江大桥，作为公铁两用悬索桥的标志性工程，进一步拓展了我国大跨度铁路桥梁的结构类型；铁路桥梁跨度纪录持续刷新，斜拉桥、悬索桥主跨度已达1 092 m，混凝土拱桥跨度445 m，梁式桥主跨度300 m，均居世界领先地位。同时，一批超级工程建设方兴未艾，G3铜陵公铁大桥、甬舟铁路西堠门公铁大桥、常泰长江大桥、巢马城际马鞍山桥等已开工建设。

我国中东部铁路网趋于健全完善，西部地区铁路建设发展空间广阔，在西部山区建设桥梁面临着地形环境复杂、基础设施薄弱、建造条件困难等风险与挑战，建造技术创新的需求迫切。在总结近年来超大跨度铁路桥梁建造经验基础上，进一步提炼形成了七项艰险山区复杂结构桥梁建设指导性工艺工法，适用于铁路悬索桥、斜拉桥、拱桥以及节段预制拼装梁，内容包括钢梁、主塔、主缆、桥梁锚碇、钢桁拱、节段预制梁等关键部位施工工序，对在建铁路桥梁，尤其西部山区复杂结构铁路桥梁具有积极指导意义。七项工艺工法的形成背景简介如下：

一是山区极复杂地质大倾角变截面隧道式锚碇施工工法。隧道式锚碇开挖占地面积小、混凝土用量相对较少，对地形适应性强，多应用于山区悬索桥。丽香铁路金沙江特大桥位于深切峡谷中，两岸地势陡峭，其隧道式锚碇轴线倾角 40°，长度 88 m，工程实施难度大。参建单位优化了锚洞开挖方法，研发应用侧翻式有轨矿车、预制拼装化锚固系统定位支架、洞内小型缆索吊机，有效解决了山区地质条件复杂、施工场地狭小等问题，提高了施工效率，降低了安全风险，提升了工程质量。

二是山区铁路悬索桥重型钢桁梁双节间整体架设施工工法。山区大跨度悬索桥钢桁梁工程规模大、施工场地狭小，整节间架设尺寸大、重量大。依托丽香铁路金沙江特大桥，开展理论计算和工程实践，研究采用钢梁散件进场、现场组拼成整节间、整体拼装架设的施工工法，解决了重型钢梁进场难题，减少了高空作业时间，加快了施工进度，保证了施工安全和工程质量，能有效指导山区铁路桥重型钢桁梁架设施工。

三是超大直径主缆索夹同步分级张拉施工工法。悬索桥恒载和活载均通过吊杆传递到主缆上，索夹与主缆间的抗滑摩擦是传递力的关键部位。国内外已建悬索桥索夹张拉采用对称分批张拉，普遍存在张拉力分布不均匀、损失率较高等问题，进而导致抗滑摩擦力不足，索夹在主缆上滑移，吊杆偏离设计状态，发生滑丝损伤主缆。五峰山长江特大桥是世界首座公铁两用悬索桥，单根主缆直径 1.3 m，单索夹重 10.8 t，研究采用同步分级张拉工法，确保索夹螺杆张拉力分布均匀，利用逐级持荷保压方法，减缓螺杆轴力损失速率，在索夹与主缆间提供充足的抗滑摩擦力，为大桥荷载安全可靠传递提供保证。

四是大跨度斜拉桥塔梁同步施工工法。传统斜拉桥施工多采用主塔、钢梁异步施工，即先施工完成主塔，再架设钢梁及斜拉索，施工组织周期相对较长。沪苏通长江公铁大桥结合工程实际，组织研究并成功应用塔梁同步施工方法。中塔柱施工期间，同步开展主塔附近无索区钢梁架设、架桥机安装调试等工作；上塔柱锚固区施工至满足斜拉索挂设空间及混凝土龄期要求后，开始悬臂架设钢梁并张拉斜拉索。塔梁同步施工可大幅节约工期，具有较好的经济和社会效益。

五是大截面超高混凝土塔柱施工工法。铁路桥梁呈现大跨、重载等发展特点，斜拉桥、悬索桥主塔高度不断突破，其截面尺寸持续增大，超高主塔混凝土的泵送、浇筑及养护难度极大，对混凝土的工作性能、抗裂性能及配套工艺和设备的要求高。沪苏通长江公铁大桥主塔高 325 m，参建单位组织开展专题研究，形成超高塔混凝土施工与质量控制成套技术，从原材料性能、级配理论、矿合物及外加剂性能影响等方面进行试验论证和对比分析，使混凝土具备保坍和防裂的功能，提升混凝土的施工性能，实现了混凝土一次泵送；降低胶凝材料用量配制混凝土，添加抗裂材料，同时综合采用防裂钢板网、循环冷却水管、自动喷淋养护等措施，降低开裂风险，有效保证超高桥塔混凝土质量。

六是基于BIM+GIS技术的大跨度钢桁拱悬臂架设施工工法。钢桁拱桥造型美观、结构承载能力强、跨越能力大，具有良好的抗风、抗震性能，在高山峡谷地区桥梁结构选型中具有明显优势。大瑞铁路怒江大桥为主跨490 m的上承式钢桁拱桥，主拱为提篮式四主桁结构，主拱合计926根杆件，重达2.8万t，最大杆件重94 t，是同类铁路桥梁世界之最。主拱施工需解决结构自重大、杆件尺寸大、预拼难度高、空间对位难、拼接精度高、悬臂周期长等技术难题。基于主拱全节点结构的复杂性，结合其装配式特点，建立施工阶段精细化BIM模型，数字化模拟指导现场施工，采用Delmia软件进行施工组织、吊装方案、工程措施、安装顺序、工艺控制、吊装路径等模拟分析，优化扣挂吊装方案，解决吊装过程中可能发生的碰撞点，高效精准实施主拱合龙，为其他工程提供了成功经验。

七是桥梁节段预制胶接拼装箱梁施工工法。艰险山区运输条件受限、场地狭小，现浇梁实体质量不易保证，高支架施工安全风险高。山区中等及以下跨度混凝土简支梁可采用节段预制拼装施工。将整孔梁分为若干小节段，在小型场地工厂化预制，混凝土质量易保证，梁体外观质量好；节段提前预制，预应力张拉时混凝土龄期长，后期收缩徐变小；节段间采用胶接，节省钢束张拉前的养护时间，架设速度快；节段预制和下部结构同时施工，可大幅缩短全桥工期。节段之间采用胶接，减少在桥位绑扎钢筋、浇筑混凝土等工序，高空作业少，安全性高。节段预制胶接拼装施工占地面积少，废弃物少，施工噪声小，利于环保。

本书由中国国家铁路集团有限公司工程管理中心牵头组织编写，参加编写的主要单位有沪通长江大桥建设指挥部、上海局集团公司南京枢纽指挥部、昆明局集团公司滇西指挥部、云桂铁路云南公司、中铁大桥局集团有限公司、中铁十八局集团有限公司、中铁第五勘察设计院集团有限公司等单位。

由于参与编写人员的水平有限，加之编写时间仓促，不当之处在所难免，敬请读者不吝赐教，以利改正。

本书编委会

2024年12月

目　录

一、山区极复杂地质大倾角变截面隧道式锚碇施工工法 …… 1
1　前言 …… 1
2　工法特点 …… 1
3　适用范围 …… 2
4　工艺原理 …… 2
5　施工工艺流程及操作要点 …… 2
6　材料与设备 …… 12
7　质量控制 …… 13
8　安全措施 …… 14
9　环保措施 …… 15
10　效益分析 …… 16
11　应用实例 …… 16
二、山区铁路悬索桥重型钢桁梁双节间整体架设施工工法 …… 17
1　前言 …… 17
2　工法特点 …… 17
3　适用范围 …… 17
4　工艺原理 …… 18
5　施工工艺流程及操作要点 …… 18
6　材料与设备 …… 32
7　质量控制 …… 33
8　安全措施 …… 34
9　环保措施 …… 35
10　效益分析 …… 36
11　应用实例 …… 36
三、超大直径主缆索夹同步分级张拉施工工法 …… 37
1　前言 …… 37

2 工法特点 …… 37
3 适用范围 …… 38
4 工艺原理 …… 38
5 施工工艺流程及操作要点 …… 38
6 材料与设备 …… 42
7 质量控制 …… 44
8 安全措施 …… 44
9 环保措施 …… 45
10 效益分析 …… 45
11 应用实例 …… 46
四、大跨度斜拉桥塔梁同步施工工法 …… 47
1 前言 …… 47
2 工法特点 …… 47
3 适用范围 …… 48
4 工艺原理 …… 48
5 施工工艺流程及操作要点 …… 49
6 材料与设备 …… 57
7 质量控制 …… 59
8 安全措施 …… 61
9 环保措施 …… 62
10 效益分析 …… 62
11 应用实例 …… 63
五、大截面超高混凝土塔柱施工工法 …… 65
1 前言 …… 65
2 工法特点 …… 65
3 适用范围 …… 67
4 工艺原理 …… 67
5 施工工艺流程及操作要点 …… 67
6 人员与设备 …… 85
7 质量控制 …… 87
8 安全措施 …… 88
9 环保措施 …… 90
10 效益分析 …… 91

11　应用实例 …………………………………………………………… 91
六、基于 BIM+GIS 技术的大跨度钢桁拱桥悬臂架设施工工法 ………… 93
1　前言 …………………………………………………………………… 93
2　工法特点 ……………………………………………………………… 93
3　适用范围 ……………………………………………………………… 94
4　工艺原理 ……………………………………………………………… 94
5　施工工艺流程及操作要点 …………………………………………… 95
6　材料与设备 ………………………………………………………… 105
7　质量控制 …………………………………………………………… 106
8　安全措施 …………………………………………………………… 106
9　环保措施 …………………………………………………………… 107
10　效益分析 …………………………………………………………… 108
11　应用实例 …………………………………………………………… 109
七、桥梁节段预制胶接拼装箱梁施工工法 ………………………………… 110
1　前言 ………………………………………………………………… 110
2　工法特点 …………………………………………………………… 110
3　适用范围 …………………………………………………………… 110
4　工艺原理 …………………………………………………………… 111
5　施工工艺流程及操作要点 ………………………………………… 111
6　材料与设备 ………………………………………………………… 120
7　质量控制 …………………………………………………………… 123
8　安全措施 …………………………………………………………… 126
9　环保措施 …………………………………………………………… 127
10　效益分析 …………………………………………………………… 128
11　应用实例 …………………………………………………………… 129

一、山区极复杂地质大倾角变截面隧道式锚碇施工工法

1 前 言

山区大跨度桥梁具有工程规模大、地形陡峭、作业条件差、施工难度大、生态保护要求高等特点，悬索桥因其跨越能力大，在跨越山区大河、峡谷时具有明显的优势。悬索桥锚碇有重力式锚碇和隧道式锚碇两种，其中隧道式锚碇开挖占地面积小、混凝土用量相对较少，对地形适应性强，多应用于山区悬索桥。

铁路悬索桥锚碇承载力大，是桥梁受力结构的核心构件。丽香铁路金沙江特大桥为世界首座山区大跨度铁路悬索桥，桥址位于深切峡谷，两岸地势陡峭，整体坡度为40°～60°，局部甚至超过90°，岩面倾斜，危岩落石多，建设条件恶劣。其锚碇采用隧道式锚碇，轴线倾角40°，底板最大坡度44°，长度88 m，锚塞体长45 m，开挖断面尺寸由10 m×10.8 m渐变至18 m×19 m。隧道式锚碇呈倾斜、变截面的倒喇叭结构，与之配套的施工装备及成熟工艺相应较少，施工难度大。

2 工 法 特 点

2.1 隧道式锚碇的锚洞采用微台阶开挖结合环形开挖预留核心土的开挖方法，根据开挖断面大小调整台阶数量，保证了开挖进度和施工安全。

2.2 采用侧翻式有轨矿车出渣，通过卷扬机牵引矿车至洞外，卸渣于存渣平台，再适时将弃渣转运，减轻雨季对施工的影响、保证施工连续，节约了工期。

2.3 锚固系统定位支架采用洞外预制、洞内模块化安装，提高了安装精度，减少了洞内施工时间，节约了工期。

2.4 针对施工场地有限的实际情况，巧妙地设置洞内小型缆索吊机进行二次衬砌施工材料倒运以及锚固系统定位架、直预埋管、成品锚固索的

安装。

2.5 施工步骤清晰明了，操作简单，施工质量易于控制，施工效率高。

3 适用范围

本工法适用于铁路大倾角、变截面隧道式锚碇施工。在极复杂艰险山区，地质条件复杂、施工场地狭小、安全风险大，使用本工法可提高施工效率、降低施工风险，经济效益、社会效益显著。

4 工艺原理

4.1 对新奥法原理进行改进。采用控制爆破、微台阶开挖结合环形开挖预留核心土的开挖方法，针对隧道式锚碇变截面特点，开挖台阶数由二台阶增加至四台阶。

4.2 采用有轨出渣系统。系统由洞口支架、卷扬机、侧翻式有轨矿车组成，卷扬机将矿车牵引到出渣支架上，矿车行驶至高低轨道处，矿车自行打开侧门，弃渣自卸于存渣平台。

4.3 采用装配式构件。定位支架采用装配式结构，在工厂加工成单元模块，通过洞内小型缆索吊机进行洞内安装。

5 施工工艺流程及操作要点

5.1 施工工艺流程

本工法的施工工艺流程如图 1-1 所示。

5.2 大管棚导向墙施工操作要点

(1) 锚碇洞口段埋深浅、易塌方，考虑爆破对洞口稳定的影响，采用超前大管棚进行预支护。管棚长度 30 m，拱部环向间距 40 cm 布设 ϕ108 mm×6 mm 钢管 39 根，以 1°～3°外倾角打入围岩。

(2) 混凝土导向墙中安装两根 I20 型工字钢架，钢架上预埋 ϕ133 mm 钢管作为导向管，以固定管棚钢管方向。

(3) 管棚采用潜孔钻机钻孔，钻孔一般控制在 1°～3°，由拱脚向拱顶跳孔钻孔，钻孔完毕后用钻杆配合钻头反复扫孔，清除浮渣，确保孔径、孔深符合要求。

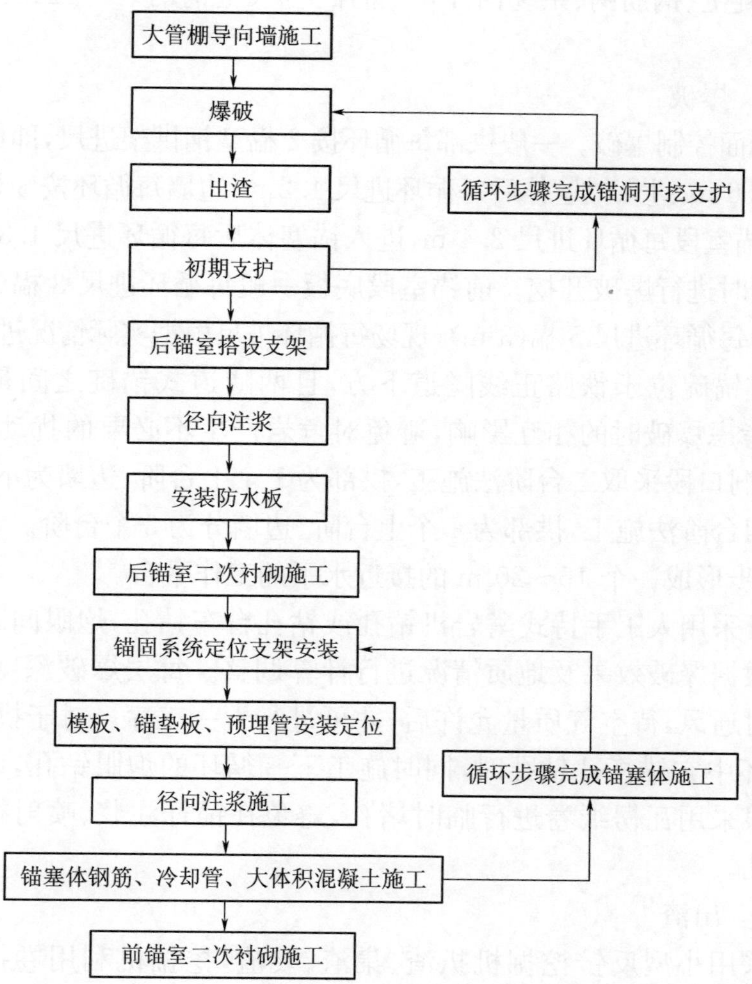

图 1-1　施工工艺流程示意

（4）钻孔完成后，将钢花管安放在管棚钻机上，对准已钻好的引导孔，低速推进丝扣连接的钢花管。安装好钢花管、放入钢筋笼后，对孔内注浆，完成管棚施工。

5.3　锚洞开挖支护操作要点

锚碇的锚洞采用微台阶开挖结合环形开挖预留核心土的方法，采用控制爆破。根据围岩及断面尺寸，洞口段采用二台阶法施工、洞底段采用四台阶法施工。二台阶法的施工工序为：拱部施工→左侧边墙施工→右侧边墙施工→隧底施工。四台阶法的施工工序为：拱部施工→左侧第 1 段边墙施工→右侧第 1 段边墙施工→左侧第 2 段边墙施工→右侧第 2 段边墙施工→左侧第 3 段边墙施工→右侧第 3 段边墙施工→隧底施工。支护结构采用“初期支护(喷射混凝土、钢筋网、系统锚杆)+加强支护(型钢钢架)+二次衬砌”的复合式衬砌。

5.3.1 爆破

采用光面控制爆破。一般拱部每循环按 2 榀型钢拱架进尺,即前锚室段每循环进尺 1.6 m,进入锚塞体后每循环进尺 1.2 m;边墙每循环按 3 榀型钢拱架进尺,即前锚室段每循环进尺 2.4 m,进入锚塞体后每循环进尺 1.8 m,同一里程边墙不同时进行爆破开挖。前锚室段底板一般每循环进尺 3 榀(2.4 m),进入锚塞体后每循环进尺 5 榀(3 m),现场每循环进尺根据实际情况进行调整。

隧道式锚碇位于铁路正线隧道下方,且两隧道式锚碇之间最小净距仅 14.55 m,考虑爆破时的相互影响,避免对危岩产生不必要的扰动,尽量减少爆破次数,洞口段采取二台阶法施工,拱部为 1 个上台阶、边墙为下台阶;后锚室段采用四台阶法施工,拱部为 1 个上台阶、边墙分为 3 个台阶。在开挖过程中,洞内逐步形成一个 15～20 m 的接近水平的工作平台。

炮眼可采用人工手持式凿岩机钻孔或钻孔台车钻孔,炮眼间距、个数、深度和药量根据爆破效果及地质情况进行计算调整。每层爆破深度 2 m,爆破完成后及时通风,待空气质量允许后,才可进行下一工序。对于拱部开挖,进行上一循环中空锚杆孔钻孔时,同时施工下一循环的炮眼钻孔,以提高施工效率。炮眼采用瓦楞纸卷进行临时堵孔,避免在锚杆注浆、喷射初期支护混凝土时堵孔。

5.3.2 出渣

洞内采用小型反铲挖掘机扒渣、集渣、装渣,挖掘机利用卷扬机反拉下放。考虑雨季出渣,采用侧翻式有轨矿车。弃渣可卸载于两隧道锚洞口之间的存渣平台,天气晴好时再转运至弃渣场,使施工连续,节约工期。隧道锚碇出渣如图 1-2 所示。

图 1-2 隧道锚碇出渣

5.3.3　型钢钢架

型钢钢架采用Ⅰ20b 型工字钢拱架。根据隧洞轮廓和开挖形式在洞外分段加工，前锚室和锚塞体分 7 段，后锚室分 12 段，各段构件用法兰螺栓联结，前锚室榀间距为 80 cm，锚塞体及后锚室榀间距为 60 cm。钢架榀间环向间距 100 cm 采用 φ22 mm 钢筋连接。

锚碇隧道中用于加强支护的型钢钢架采用非垂直安装，安装难度大于常规隧道。岩面初喷后先安装型钢钢架再安装钢筋网。型钢钢架采用自制无轨小车运送至安装面，每榀钢架在安装面组拼后进行安装，安装前利用凿岩机在型钢钢架位置施作长度为 2 m 的 φ25 mm 砂浆锚杆以固定型钢钢架，如图 1-3 所示。钢架安装时由测量人员进行测量放样，确保钢架安装位置准确。

图 1-3　型钢钢架转运安装

5.3.4　钢筋网安装

钢筋网规格为 φ8@200 mm×200 mm，按设计要求在洞内现场制作，随开挖面铺设，钢筋网搭接长度不小于 20 cm，同定位锚杆焊接固定牢固。钢筋网与受喷面的间隙以 3 cm 为宜，混凝土保护层大于 2 cm。

5.3.5　中空锚杆

锚杆孔径应大于设计杆体直径 15 mm。锚杆钻孔采用风动凿岩机或锚杆台车。锚杆方向尽量与岩面倾向垂直。

用孔帽装配套将止浆塞通过锚杆外露端打入孔口 30 cm 左右(锚塞体段 80 cm 左右)。检查注浆设备，按配合比配制水泥浆，开动注浆泵注浆，直至浆液从孔口周边挤出或压力表达到设计压力值。

在所注浆液强度达到预定强度后，安装垫板，使其紧贴岩面，上紧杆端螺母，使其产生一定的预应力，起到加固围岩的作用。锚杆与垫板应保持垂直，并与喷射混凝土充分接触，螺母务必拧紧。

5.3.6　锁脚锚管

锚洞开挖过程中，为防止型钢钢架收缩、掉架，拱脚、边墙脚采用锁脚锚管提高其稳定性，规格为 ϕ42 mm，长度 4 m。上台阶开挖完成后，在钢架两侧拱脚斜向下打入两根锁脚锚管；下台阶施工完成后，在钢架边墙两侧脚部打入两根锁脚锚管。

5.3.7　喷射混凝土

喷射的混凝土为 C30 混凝土。由拌和站集中生产，采用湿喷工艺由下往上喷射，后一层喷射在前一层混凝土终凝后进行，如图 1-4 所示。

图 1-4　喷射混凝土施工

5.3.8　监控量测

在初期支护期间，每隔 5～15 m 断面设置 5 个监控量测点，分别位于拱顶(1 个)、1/4 拱腰(2 个)和 1/2 边墙(2 个)。

5.4　径向注浆操作要点

考虑桥址处外部环境及围岩基岩裂隙水对锚碇体的影响，对周围 5 m 范围岩体采用径向注浆堵水。径向注浆孔深度 5 m，孔口埋入 ϕ42 mm、壁厚 3.5 mm 的钢花管。钢花管与孔口间用速凝剂封堵牢固。按设计要求注浆完成后，立即使用速凝剂封堵管口。锚塞体段径向注浆，利用安装锚固系统的支架进行。

5.5　洞内缆索吊机操作要点

采用洞内缆索吊机解决洞内场地狭小，施工材料转运问题，缆索吊机由承重索、牵引索、承重卷扬机、牵引卷扬机组成，如图 1-5 所示。

5.6　防水板安装操作要点

土工布、防水板通过洞内缆索吊机送至安装面。作业人员采用射钉枪(手锤)、垫片将缓冲层固定在基层上，检查无损坏、无明显凸起后安装防水

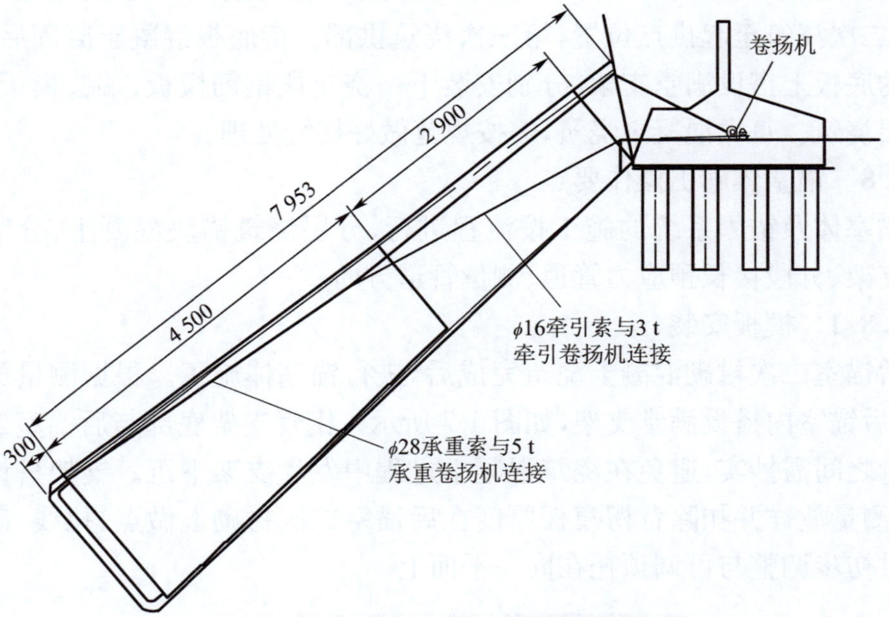

图 1-5　洞内缆索吊机总布置示意(单位:mm)

板。为减小焊缝数量,后锚室防水板采用横向铺设,铺装前先测量安装位置并弹线,保证防水板平行搭接。铺设时确定好安装位置后,用微波焊机将防水板和热熔垫圈焊接固定。防水板之间采用双缝热合焊机进行双缝焊接,安装防水板时下部防水板压住上部的防水板,如图 1-6 所示。

图 1-6　防水板施工

5.7　后锚室二次衬砌施工操作要点

后锚室二次衬砌施工时,除直径大于等于 25 mm 的钢筋采用直螺纹套筒连接外,其余钢筋均采用绑扎连接,避免现场焊接灼伤防水板,在安装过程中应采用 U 形或 L 形架立筋避免损坏防水板。

后锚室长 3 m，其二次衬砌混凝土浇筑分三次完成，第一次浇筑底板混凝土，第二次浇筑至起拱点位置，第三次浇筑拱部。待底板混凝土凝固后，在已浇筑的底板上搭设满堂支架，分别安装下一浇筑段钢筋模板、端头模板，开始下一层浇筑。每次混凝土浇筑，需按规范做好接缝处理。

5.8　锚塞体施工操作要点

锚塞体及锚固系统的施工按流程进行，分层浇筑锚块混凝土、分节拼装定位支架、分段接长预应力管道、测量管道方向。

5.8.1　模板安装

后锚室二次衬砌混凝土浇筑完成后，进行锚塞体施工。根据测量放样结果，在后锚室内搭设满堂支架，如图 1-7 所示。钢管支架底部与后锚室二次衬砌台阶之间需抄实，避免在浇筑混凝土过程中发生支架下沉。支架搭设完成后，经测量放样并扣除背楞模板厚度在后锚室二次衬砌上做点、拉线，确保模板通过初步调整与可调顶托在同一平面上。

图 1-7　后锚室内满堂支架

锚塞体前后锚面均采用竹胶模板，竹胶模板铺设完成并经测量复核确认模板里程、平整度符合要求后，在模板表面对张拉槽口位置进行放样。

5.8.2　锚固系统支架及预埋管安装

张拉槽口采用钢模板，安装时先在洞外与后锚垫板连接，通过洞内缆索吊机运至工作面，利用施工手拉葫芦将其临时固定，待测量精调至设计位置后固定稳固。

定位支架在洞外按模块制作成型，锚垫板安装完成后，利用缆索吊机进行安装，定位支架安装完成后进行预埋钢管安装，钢管同样采用缆索吊机进行倒运，缆索吊机与手拉葫芦相互配合安装。定位支架与直预埋管随锚塞体混凝土浇筑逐层安装，直预埋管采用 12 m 节段孔内对接，接口处外套管采用内径略大于预埋管的钢管衬套，两钢管与衬套之间、直预埋管与锚垫板间均采用连续角焊缝连接，以保证连接强度并防止浇筑过程中混凝土流入预埋管中，直预埋管吊装如图 1-8 所示。为保证直预埋管安装位置准确，使用硬塑料板切割制成较钢管内径略小的圆盘，并在圆盘中心粘贴一张反光贴，使用此圆盘对预埋管进行精确放样、安装，如图 1-9 所示。

图 1-8　直预埋管吊装

图 1-9　预埋管精确精定位

接头直预埋管精确定位后，由下向上安装前锚垫板，采用手拉葫芦和花篮螺栓调整好其空间位置，然后与预埋管焊接牢固，如图 1-10 所示。锚垫板安装完成后依次安装张拉槽口及模板。

5.8.3　锚塞体钢筋混凝土施工

锚塞体除直径大于等于 25 mm 的钢筋采用直螺纹套筒接长外，其余钢筋均采用绑扎连接，钢筋在钢筋车间加工成型后倒运至洞内安装。锚塞体混凝土分层厚度为 4～6 m，最大浇筑量为 1 455 m^3。按大体积混凝土施工工艺施工。

5.9　锚固系统施工操作要点

丽香铁路金沙江特大桥主缆锚固系统索体采用 1 860 MPa 钢绞线，单索股由 7 股 GJ15EB-3 成品索组成，双索股由 6 股 GJ15EB-7 成品索(不设磁感器锚索)、7 股 GJ15EB-7 成品索(设磁感器锚索)组成。锚固索采用洞内缆索吊进行穿束，两端对称张拉施工。

图 1-10　前锚垫板精确定位

5.9.1 牵引系统安装

在前锚面槽口中间预埋 30 cm×30 cm 的预埋件，然后在竖向预埋件轴线焊接双拼 20 mm 厚的工字钢作为承重绳锚固点，将直径 19.5 mm 的承重绳一端固定于前锚面，另一端固定于散索鞍门架上。

前锚面承重绳固定点和 2 t 卷扬机循环绳固定点通过卸扣与工字钢上吊耳连接。承重绳上设一组滑车，滑车通过卸扣与位于散索鞍支墩上的 2 t 卷扬机连接，形成牵引索。在前锚面施工平台设置一台起重卷扬机，起重索通过前锚面转向轮后穿于滑车内，形成起重牵引系统。牵引系统每个锚洞设置两套。

为满足牵引挤压拉索和安装连接器、支撑板的要求，可在工字钢相应位置焊接吊耳，手拉葫芦挂在吊耳上，通过调节手拉葫芦使连接器和支撑板安装到位。

后锚面施工材料通过人洞运送至后锚面，在人洞内顶部设置一根承重绳，承重绳上悬挂 1 个滑车，滑车通过卸扣与位于前锚面人洞口的 2 t 卷扬机连接，形成牵引索。

5.9.2 锚固系统安装

(1) 连接器安装

利用牵引系统将支撑板从散索鞍门架处滑移至前锚面，再利用前锚面的钢管支架进行安装，手拉葫芦配合将连接器装于锚垫板止口上，旋转连接器调整其方向，并用水平尺校核，保证连接器两条直边水平，另两条直边竖直。上紧连接器与锚垫板之间的螺栓，固定连接器。

(2) 支撑板安装

利用牵引系统将支撑板从散索鞍门架处滑移至前锚面及前锚面人洞口，通过人洞内牵引系统把支撑板运输至后锚面。利用前锚面的钢管支架配合手拉葫芦进行安装，将前锚面支撑板安装于连接器止口内，旋转支撑板以调整其方向，用铁丝把支撑板与连接器捆绑在一起，防止施工过程中掉落伤人。

把后锚面支撑板搬运到后锚面索导管正下方，在后锚垫板上 M16 吊环与 2 t 手拉葫芦配合把支撑板提升到锚垫板处，调节后支撑板方向，支撑板固定螺孔与锚垫板螺孔对应，上紧支撑板与锚垫板之间的螺栓，固定支撑板。

(3) 锚固索安装

因现场施工场地所限，锚固索运到施工现场后采用塔吊固定索股一头起钩，将索股展开，另一头与牵引起重系统起重连接，然后起重卷扬机、牵引卷扬机相互配合，塔吊缓慢落钩，将索股牵引至前锚面，人工将牵引头送入对应的孔道，同时解除起重索与索股连接，起重滑轮组回走到起索位置继续溜索，牵引索放绳，起重索收绳，循环操作直至锚固索下端露出支承板端面，安装螺母完成穿索。

锚固索由下向上逐层安装，如图 1-11 所示。前锚面利用牵引系统将索股穿过后锚面并锚固；一束锚固索安装就位后，在后锚面利用上部索导管设置吊点调整支承板的位置，调好后将支承板固定并锚固锚索。

图 1-11　锚固索安装

(4) 锚固索张拉

当锚下混凝土达到 100%强度时，对称张拉预应力钢束，如图 1-12 所示。张拉采取前后锚面两端张拉，张拉控制应力为 $0.55f_{ptk}$（f_{ptk} 为预应力钢束标准值），GJ15EB-3 成品索的张拉控制力为 429 kN，GJ15EB-7 成品索的张拉控制力为 1 001 kN，均采用双控张拉。

图 1-12　锚固索张拉

张拉机具采用 YCW 预应力穿心式千斤顶，单索股采用 YCW60B 千斤顶张拉，双索股采用 YCW150B 千斤顶张拉。

预应力挤压索采取两端张拉，先在后锚张拉到 50%的张拉控制力，后在前锚张拉到 100%的张拉控制力。对于单套索股，张拉顺序为先张拉中间一束挤压索再对称张拉其余六束挤压索。对于整幅锚碇，张拉顺序为由上往下、由中心向两侧对称张拉，先张拉单股索，再张拉双索股。张拉采取同步、对称，千斤顶加荷应均匀递增。

预应力张拉采用“双控”，即张拉力控制、伸长值校验，实测伸长值和理论伸长值误差应控制在±6%范围内。

(5) 锚固索锚头防腐及保护罩安装

锚固索安装张拉施工完毕后，应及时进行锚固索锚头的防腐。锚固索防腐措施是将防腐油膏涂抹在锚固索锚头上，保证锚头的防腐质量。防腐油膏涂抹完毕后，安装保护罩。

6 材料与设备

6.1 施工材料

施工材料配置见表1-1。

表1-1 施工材料配置

序 号	名 称	用 途
1	混凝土材料	—
2	钢 筋	—
3	冷却水管	混凝土养护
4	保护层垫块	—
5	钢板、型钢	辅助系统制作
6	钢 丝 绳	起重作业
7	卸 扣	
8	焊 条	辅助系统制作
9	钢 模 板	混凝土模板

6.2 施工设备配置

施工使用的主要机具设备见表1-2。

表1-2 主要机具设备(单个隧道式锚碇)

序号	设备名称	型号与规格	单位	数量	备 注
1	柴油发电机	—	台	1	发 电
2	手持式凿岩机	YT28	台	4	钻 孔
3	空 压 机	LS16-100HH	台	1	提供动力
4	履带式起重机	QUY80A	台	1	起重、垂直运输
5	挖 掘 机	130	台	1	出 渣
6	翻 斗 车	—	辆	3	弃渣运输

续上表

序号	设备名称	型号与规格	单位	数量	备　注
7	通风设备	4-72-8C	台	1	通　风
8	电焊机	40 kW	台	4	焊　接
9	平板车	15 t	辆	1	运输材料
10	振捣器	ϕ50 mm	台	6	混凝土振捣
11	混凝土运输车	10 m^3	辆	6	浇筑混凝土
12	混凝土工厂	—	—	1	
13	手拉葫芦	5 t	把	5	安装钢架
14	卷扬机	20 t	台	1	—
15		10 t	台	1	—
16		2 t	台	5	—

7　质量控制

7.1　质量控制标准

严格执行《铁路桥涵工程施工质量验收标准》(TB 10415—2018)、《铁路隧道工程施工质量验收标准》(TB 10417—2018),钢筋制作及安装执行《铁路混凝土工程钢筋机械连接技术暂行规定》(铁建设〔2010〕41 号),混凝土工程执行《铁路混凝土工程施工质量验收标准》(TB 10424—2018)。

7.2　开挖支护施工质量控制

7.2.1　严格控制锚杆长度及钻孔深度,深度误差控制在 0～+100 mm,注浆必须密实。

7.2.2　型钢钢架联结螺栓须上满拧紧。

7.2.3　严控超欠挖,开挖后净空尺寸满足要求,初期支护施工完后不侵限。

7.2.4　初期支护及二次衬砌内不得出现空洞。

7.3　钢筋施工质量控制

钢筋主筋采用直螺纹套筒连接,其余钢筋采用绑扎或焊接连接;钢筋制作过程中须严格控制钢筋接头安装质量,钢筋接头必须错开布置,接头数不超过该断面钢筋总根数的 50%。主筋采用直螺纹套筒接头对接时,螺纹套筒外露螺纹丝扣数量不超过规范要求,螺纹套筒拧紧后应采用力矩扳手按

表 1-3 检查拧紧力矩。

表 1-3 滚轧直螺纹钢筋接头拧紧力矩值

钢筋直径(mm)	22～25	28～32	36～40
拧紧力矩值(N·m)	260	320	360

7.4 混凝土施工质量控制

7.4.1 混凝土到达现场后,经技术人员及监理确认后,方可进行浇筑。

7.4.2 混凝土浇筑施工,要严格控制分层厚度,最大不超过 30 cm,同时控制混凝土自由下落高度不超过 2 m,超过 2 m 应使用串筒或溜槽。

7.4.3 混凝土浇筑作业应连续进行,如因故发生中断,其中断时间应小于前次混凝土的初凝时间或重塑时间,超过中断时间,应采取相应措施处理。

7.4.4 混凝土振捣时,振捣器插入或拔出时的速度要慢,振捣点均匀,振捣器不能到达的地方应辅以插钎式振捣,以免发生漏振现象。

7.4.5 在旧混凝土表面浇筑新混凝土前,应将其表面凿毛清洗干净,用水湿润后,先浇一层水泥砂浆以确保新旧混凝土之间能结合良好。

7.5 锚固系统施工质量控制

7.5.1 预应力管道应与相应的索股方向一致,施工过程中应保证不变形、不漏浆,使预应力钢束顺利通过。

7.5.2 当锚下混凝土达到 100%强度时,方可对称张拉预应力钢束。张拉采取前后锚面两端张拉,张拉控制应力为 $0.55f_{ptk}$,均按双控原则张拉。

7.5.3 为保证拉杆方向与相应的索股方向一致,前锚面槽口坐标误差控制在 5 mm 以内,角度误差控制在 0.10°以内,以免拉杆次应力过大。

8 安 全 措 施

8.1 应设置专门的安全管理机构,建立安全生产责任制及教育培训制度,制定专项应急预案,切实落实安全生产“五要素”,即安全文化、安全法制、安全责任、安全科技和安全投入。

8.2 执行安全教育制度和安全生产定期检查规定,未经安全教育或教育时间不足的人员不准上岗作业。

8.3 物件吊装要坚持“十不吊”作业纪律,用专用吊具,并由专人指挥;物件上附件连接悬挂绑牢,防止在吊运中掉下伤人;物件起吊运行过程中要严禁从人顶上过;吊卸物件时,工作人员不准在吊卸模具下进行工作或行走;

拆卸下的物件零件，必须码放整齐或放置在指定位置。

8.4 设立专职安全员，严格实施监控，通过设置安全网和栏杆，防止人由孔口坠落。

8.5 钻机、钻具、钢丝绳均应符合设计要求，应有专人检查检修。

8.6 做好边坡截水沟工作，防止水流入边坡影响边坡稳定性。

8.7 工作人员必须戴好安全帽，高处作业必须系好安全带。

8.8 要定期测量沉降，观测数据。

8.9 应严格按照钻机的使用说明操作，在操作的过程中严禁人员睡觉、离岗，发生异常现象应立即提起钻具，停机检查。

8.10 夜间施工应有足够的照明，所有电器应符合施工现场安全用电规定。

8.11 施工用电、钢结构加工设备临时用电前必须按照相关标准进行检验，经检验确认合格后方能使用。

8.12 压力容器按有关规定办理登记、签证手续，风管管路要固定，胶管接头要绑扎牢。

8.13 所有通道口设置安全警示牌，并注明有关的安全注意事项。

9 环保措施

9.1 贯彻落实国家关于环境保护的专项法律法规，有针对性地制定专项环保方案，加强宣传教育，切实执行。

9.2 建立健全针对性的环保工作体系，落实责任制，配备专人进行管理。

9.3 施工环保方案

9.3.1 对施工现场生产、生活用水的排放进行控制，建好生产区和生活区排水沟等设施；分块设置过滤池和沉淀池，所有生活用水和生产用水均经过过滤、沉淀后方可达标排放。

9.3.2 加强机械管理，执行《建筑施工场界环境噪声排放标准》(GB 12523—2011)标准，减少施工过程中的噪声。

9.3.3 采取有效措施妥善保护施工及生活区域外的绿化草地、植物、花木及道路等公共设施，避免泥浆、油污、生活垃圾、有毒及化学物质对其造成污染。

9.3.4 加强职工的环保知识教育，树立全员环保意识。

9.3.5 爆破完成后，挖机及自卸车装卸渣土时，应及时进行洒水湿润，防止粉尘对周围环境污染。

9.3.6 在施工区域、生活区域做好危险品现场控制、消防应急现场控制。

9.3.7 加强取、弃土场的防护，采用设置挡土墙，在弃渣场上覆盖土，撒草籽绿化，设排水沟等措施，防止水土流失。

10 效益分析

10.1 洞外出渣平台轨道采用“一高一低”的形式设置，侧翻式矿车通过轨道运渣到出渣平台上时，直接将渣土卸放至出渣平台旁，集中堆放，再集中转运至弃渣场。该出渣方式的应用，节约了等候自卸车就位的时间，大大提高了隧道锚的出渣效率，加快了施工进度。

10.2 隧道式锚碇施工所需机械设备少，加快了机械设备的周转，节省大量人、料、机的投入。

10.3 山区极复杂地质大倾角变截面隧道式锚碇施工技术的成功实施，为后期主缆架设施工奠定了基础。

11 应用实例

丽香铁路金沙江特大桥两岸均采用隧道式锚碇，四个隧道式锚碇均已施工完成，施工过程顺利，该工法得到了很好的验证，取得了较好的施工效果，为山区极复杂地质情况下大倾角、变截面隧道式锚碇施工积累了成功经验。

此工法可靠性高、机械化程度高、施工速度快、适应性广、施工质量好，为大跨度铁路悬索桥在极复杂艰险山区的应用提供了支撑，拓宽了大倾角、变截面隧道式锚碇施工技术的研究与使用范围，在桥梁工程或其他工程的大倾角、变截面隧道式锚碇和类似斜井、斜桩的施工中具有广泛的推广运用前景。

参编单位：中铁大桥局集团有限公司。

参编人员：张露、韩晓强、杨彦海、王芳、刘文荐、伍小团、王雄、邹洋、柴杰斌、吉飞飞、霍建新、王佳、李海涛。

二、山区铁路悬索桥重型钢桁梁双节间整体架设施工工法

1 前 言

随着我国经济的发展，西南地区的铁路建设越来越多，西南地区山高谷深，地形陡峭，桥梁建设更为复杂和困难。丽香铁路金沙江特大桥采用了大跨度钢桁梁悬索桥方案，桥梁主缆跨度布置为(132＋660＋132)m，钢桁梁标准节间长 12.2 m、宽 22 m、高 12 m，双节间净重达 640 t。为保证中跨钢桁梁施工安全和工程质量，加快施工进度，针对钢桁梁架设规模大、自重大、场地受限等特点，依托丽香铁路金沙江特大桥的工程实际通过计算分析、现场工程实践，提出了山区铁路悬索桥重型钢桁梁双节间整体架设施工工法。

2 工 法 特 点

2.1 钢桁梁采用工厂加工制造，散件进场，利用门式起重机现场组拼成双节间，解决了山区重型钢桁梁进场施工的难题。

2.2 采用双节间整体拼装，钢桁梁自身形成稳定桁架结构，相较于单节间拼装，避免了大量临时拼装杆件的投入，节约了成本。

2.3 采用双节间整体架设，缩短了高处作业时间，施工更加安全，同时缩短了施工工期。

2.4 800 t 缆索吊机利用散索鞍支墩作为锚碇，实现永临结合。

2.5 施工步骤清晰明了，施工质量易于控制，提高了施工效率。

3 适 用 范 围

本工法适用于山区铁路悬索桥钢桁梁架设施工，尤其是在极复杂艰险山区施工场地狭小的情况下，此工法在施工速度及安全风险控制方面优势明显。

4 工 艺 原 理

为解决整节段钢桁梁工厂化组拼完后无法运抵现场的难题，更好地克服山区复杂地形、山高谷深、河面狭窄、水流湍急、水运不通等不利环境，钢桁梁在工厂加工制造成单元件，散件运输至施工现场桥址下方设置的专用钢梁预拼场并组拼成双节间钢桁梁整节段。这种做法解决了整节段钢桁梁工厂化组拼无法运抵现场的难题，同时也充分发挥了双节间钢桁梁架设稳定性好、对称性好、临时杆件少、高处作业少的优点。双节间钢桁梁组拼完后存放在桥址处钢桁梁预拼场，架设时利用专用运梁台车运输至起吊位置，采用专项研发的 800 t 缆索吊机将双节间钢桁梁整节段起吊安装到位，中跨钢桁梁自跨中向两岸依次对称架设双节间钢桁梁，充分利用钢桁梁架设过程中主缆及钢桁梁线形变化规律达成自然刚接，即上弦利用工装临时铰接，下弦呈自由状态，选择合适的时机完成钢桁梁节段间的刚接。最后纵移边跨钢桁梁、调整姿态，在中跨主塔附近完成钢桁梁合龙。

5 施工工艺流程及操作要点

5.1 施工工艺流程

本工法的施工工艺流程如图 2-1 所示。

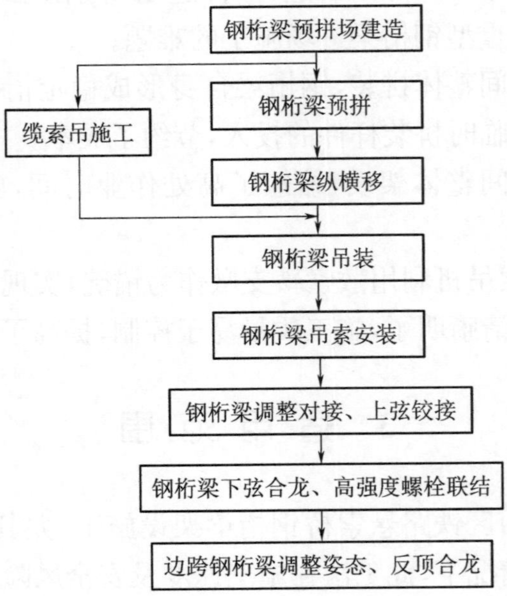

图 2-1 施工工艺流程示意

5.2　钢桁梁预拼场建设操作要点

桥址位于典型的山区深切峡谷，两岸山坡陡峭，场地狭小，钢桁梁预拼场设计及建造难度大。

（1）结合实际情况进一步优化预拼场功能设计及场地布置，如图 2-2 所示。两岸钢桁梁预拼场合二为一，集中布置，起吊区对准桥梁中线便于直接取梁，缩短钢桁梁预拼、存放和起吊过程中的运输路径，最大限度地提高存梁台座数量，并结合过江通道和既有道路合理布局分区，同时兼顾前期边跨钢桁梁预拼存放和后期场地存放。

（2）合理设计受力结构。钢桁梁移动存放荷载及龙门吊荷载大且集中，对沉降要求高，因此全部采用桩基结合地梁作为承载结构，其他场地常规荷载按回填结构承载。另外，在确保河道满足要求的前提下，在河滩坡地靠岸侧采取回填平整＋桩基结合地梁，布局中伸向河道范围区域采取插打钢桩基础＋钢平台形式。

（3）加强预拼场靠江侧岸坡的防护，坡脚设置挡土墙，坡面采取喷射混凝土防护。钢桁梁预拼场长 182 m，宽 67.6 m，共设置 8 个存梁台座，2 个预拼台座；相应地配置 2 个 100 t 龙门吊机，负责杆件吊装预拼；上、下游各侧配置 4 台移梁台车。

5.3　钢桁梁预拼操作要点

5.3.1　钢桁梁现场组拼方法

（1）钢桁梁组拼分为上、下游共两个组拼区域，每个区域均采用“2＋2”的方式进行短线法组拼，组拼好的双节间整节段钢桁梁通过专用运梁车及轨道存放在存放场指定位置。

（2）考虑拼装及吊装要求，根据钢桁梁节段划分和缆索吊机起重能力，中跨钢桁梁共分为 25 个吊装节段，依次在钢桁梁拼装平台上进行组拼，存放于存放台座，最后利用缆索吊机安装。

5.3.2　吊装单元划分及拼装顺序

钢桁梁构件主要有焊接和高强度螺栓联结两种连接方式。腹杆与弦杆之间、下平联和横联与弦杆之间、弦杆构件之间、节段弦杆之间、桥面系 U 肋之间的连接均采用高强度螺栓联结；桥面系分块之间、桥面系和节段之间连接全部为焊接。

（1）吊装单元。1～25 号节段中每个节段的组成为两根上弦杆＋两根下弦杆＋横联＋下平联＋桥面系＋腹杆。吊装单元的划分如图 2-3 所示。

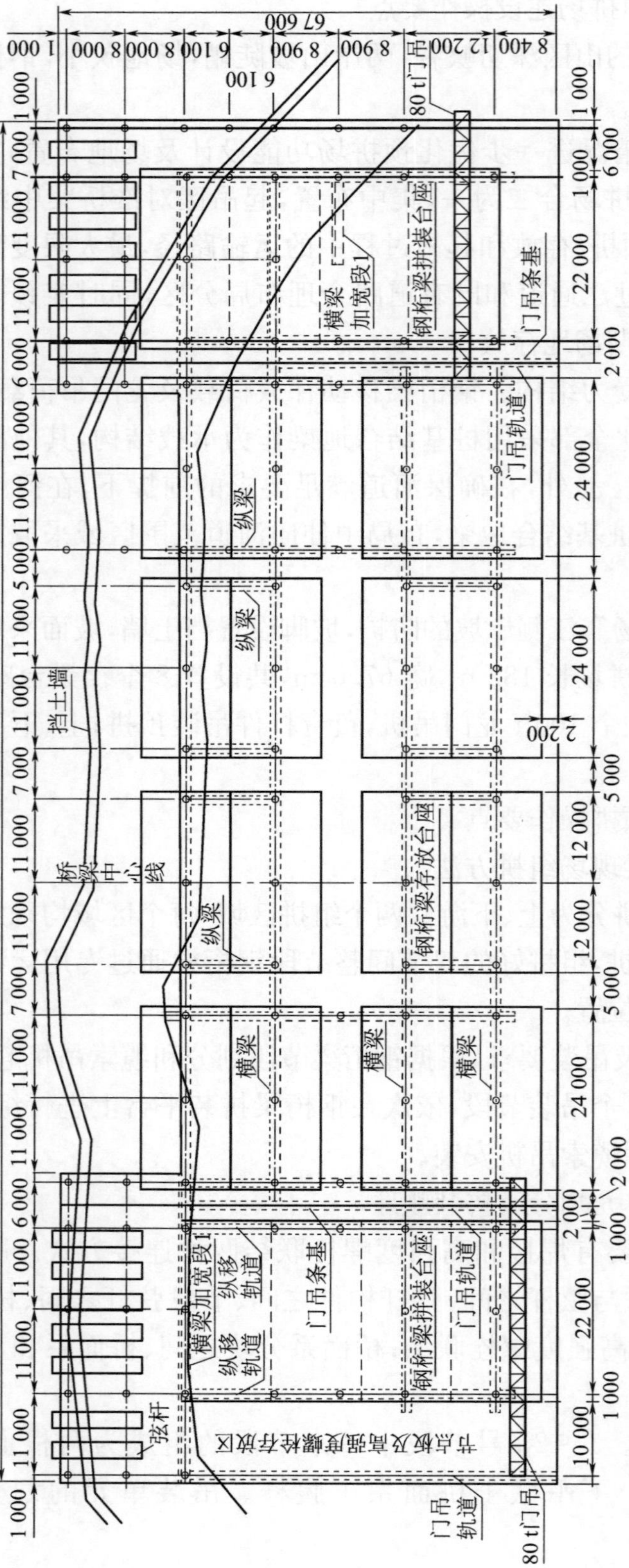

图 2-2　钢梁预拼场平面布置示意（单位：mm）

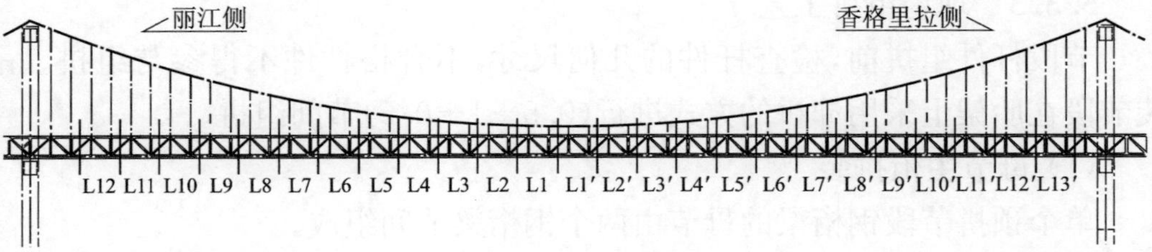

图 2-3　吊装单元划分示意

注:图中 L1～L12,L1′～L13′均为吊装单元编号。

(2) 拼装顺序:从跨中向两边对称预拼。在下游侧拼装平台先行拼装 L1 节段、L1′节段,如图 2-4 所示。拼装完成后 L1 节段与 L1′节段解除连接。L1′节段作为母节移梁至香格里拉侧拼装平台,开始拼装 L2′节段,丽江侧拼装平台开始拼装 L2 节段,两个拼装平台按节段划分逐节拼装后续节段,如图 2-5 所示。

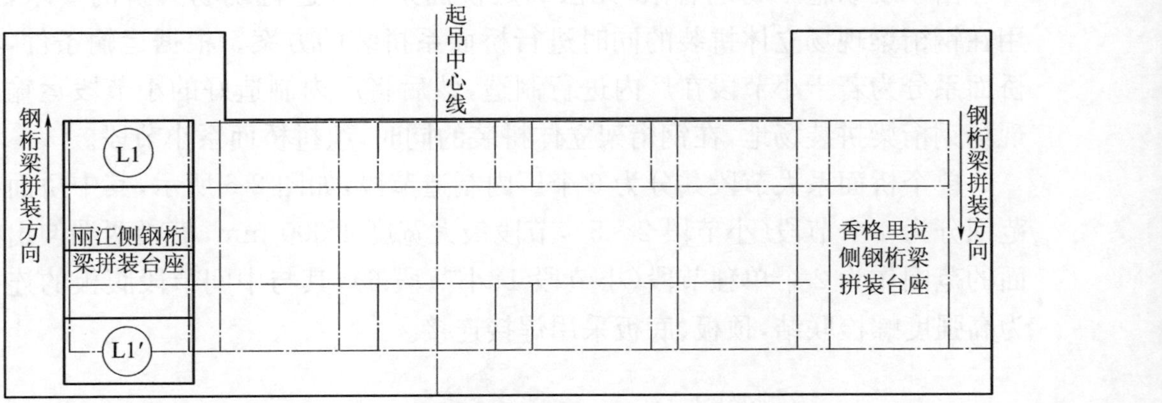

图 2-4　L1 节段、L1′节段拼装示意

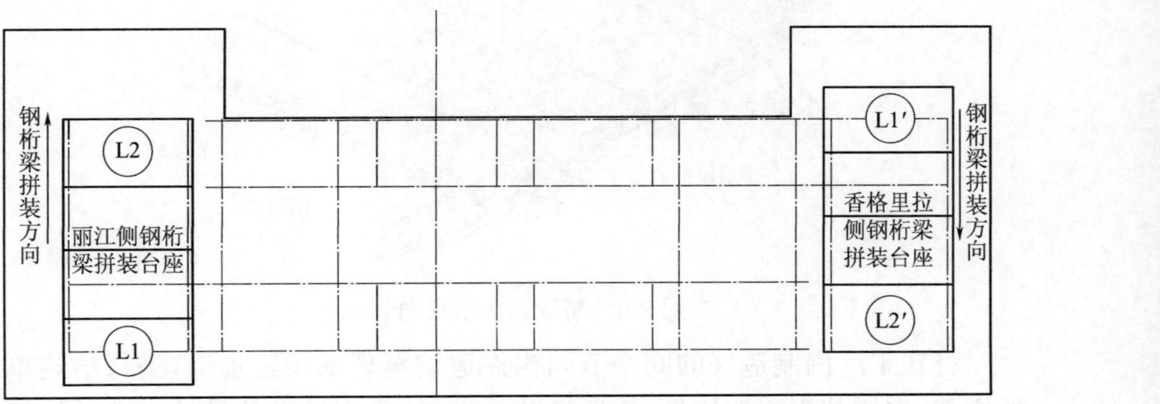

图 2-5　两个拼装平台逐节拼装后续节段示意

5.3.3 现场组拼工艺

节段杆件组拼前，检查杆件的几何尺寸，不合格杆件不得参与组拼。吊装节段在胎架上采用仰拼的方式进行(0.5+1+0.5)节间组拼。

(1) 母节主桁拼装

单个预拼节段钢桁梁的母节由两个钢桁梁节间组成。

①步骤一：在现场预拼台座上先拼装下弦平面，包括4根下弦杆、1根下平联撑杆和2根斜杆。拼装完成后测量其预拱度及线形，满足要求后按步骤二施工。

②步骤二：拼装主桁片，包括6根斜腹杆、4根竖腹杆及4根上弦杆。

③步骤三：上弦杆拼装完成后，安装桥面板剪力撑杆，剪力撑杆安装完成后测量组测量上弦线形，若有偏差采用风缆将其调整到设计允许范围，然后进行桥面板拼装。

(2) 母节桥面系拼装

由于现场施工场地有限，无法满足桥面系单独进行现场大拼的要求，采用在钢桁梁现场立体拼装的同时进行桥面系拼装的方案。根据运输条件，将桥面系分为若干小节段在厂内进行制造，然后将厂内制造好的小节段运输至现场钢桁梁拼装场地，在钢桁架立体拼装的同时，组拼桥面系小节段。

单个桥面系大节段共分为6个厂内制造节段，如图2-6所示，其中桥面板范围分为4个节段(小节段2～5)，节段最大宽度4 000 mm，横梁两端伸出桥面的范围作为2个单独节段(小节段1、小节段6)，其与中间节段腹板的连接为高强度螺栓联结，顶板、底板采用焊接连接。

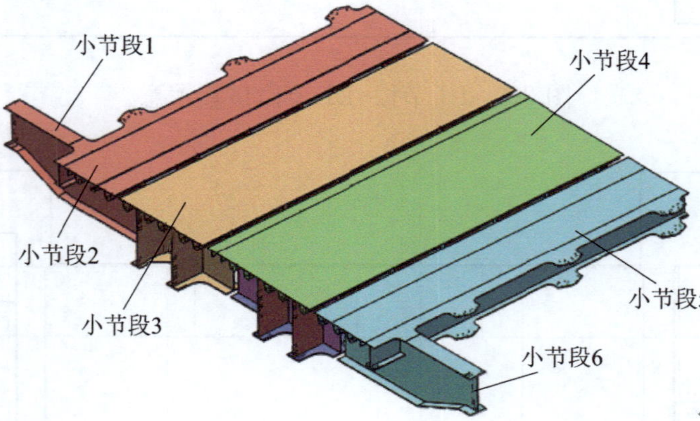

图2-6 桥面系大节段分段示意

将在工厂内制造好的同一节间构件运输至现场指定场地，进行吊装单元的拼装，先拼装钢桁架构件，然后拼装桥面板，采用贝雷片吊挂支撑单块依次拼装的方式，如图2-7所示。

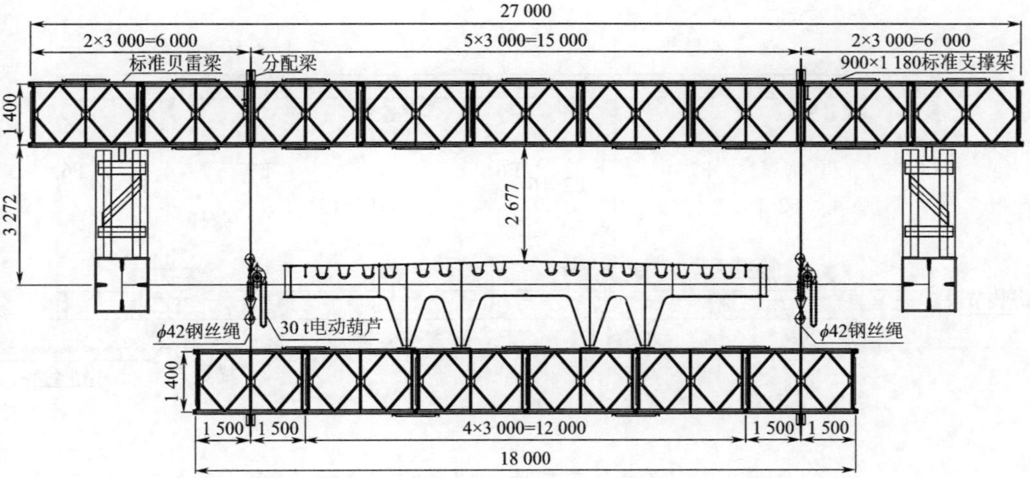

图 2-7　桥面系吊装贝雷片吊挂支撑示意(水平桁架未显示,单位:mm)

①主桁杆件拼装完成后,测量主桁线形,如有偏差采用风缆临时固定,后安装桥面板水平桁架。

②水平桁架安装完成后进行桥面系节段安装,沿桥梁横向由两侧向中间的顺序进行,安装每个节段前都应检查节段的各定位尺寸,调整到位后临时固定,再安装下一节段,节段之间通过拼接板对接及码板临时固定,采用高强度螺栓固定桥面系及水平桁架后再施焊节段间的对接焊缝。

③桥面板安装完成后安装每个节点对应的锚箱。

(3) 子节段拼装

在母节间整体框架形成且线形复测合格后进行子节间拼装,子节间按照母节拼装方法拼装完成后,施工母节高强度螺栓及焊接,施工完成后解除母节与子节连接,通过运梁台车将母节运至存梁台座区域存放,然后将子节作为下一次拼装的母节,重复步骤直至预拼完成。

5.4　钢桁梁纵横移操作要点

移梁台车在钢桁梁预拼场纵横轨道梁顶面的轨道上行走,轨道间距 700 mm。纵横移交接处,采用活动连接,便于台车通行。钢桁梁存放台座共 8 个,存梁时根据吊装顺序,分别存于指定的台座并支撑到位。

台车移梁顺序为:

(1) 第一步:L1 节段与 L1′节段拼装完成后,拆除冲钉和工具螺栓。

(2) 第二步:台车自横移轨道行进到横纵中心点,进行转向,转为纵向行进,行进至 L1 节段预定位置,如图 2-8 所示。台车起顶将钢桁梁从拼装台座移开。

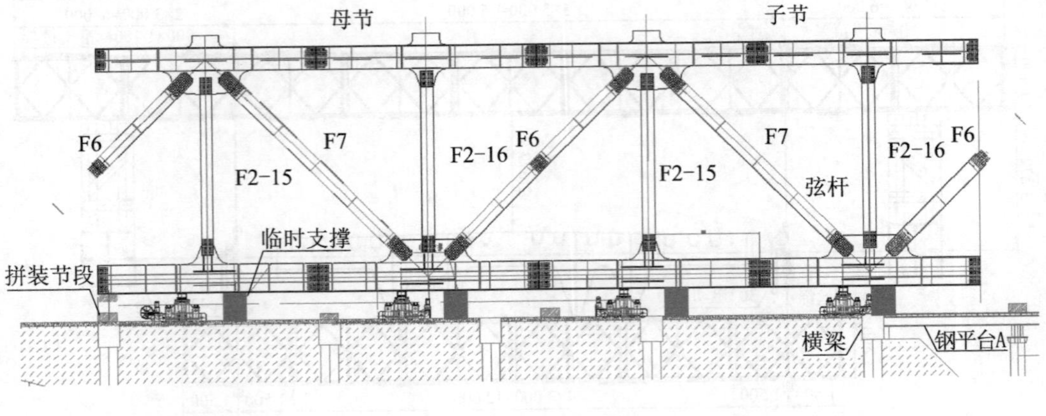

图 2-8 移梁台车起顶位置和临时支撑示意

(3) 第三步：4 台车同时行进，行进至横纵中心点，进行转向，转为横向行进。

(4) 第四步：重复第三步，直至台车进入香格里拉侧拼装区域。下放钢梁至拼装台座后，台车返回丽江侧拼装区进行后续节段的纵横移。香格里拉侧开始拼装香格里拉钢梁。

(5) 第五步：丽江侧台车回到丽江侧拼装区域。将 L1 节段纵移 24.4 m，以 L1 节段匹配拼装完 L2 节段后，L1 节段横移出拼装区至起吊台座。L2 节段纵移 24.4 m。

(6)后续节段及香格里拉侧钢梁参照第五步进行纵横移和存梁。

5.5　缆索吊机操作要点

根据吊装的重量设置缆索吊吊重，金沙江特大桥缆索吊额定吊重 640 t，最大吊重 800 t。缆索吊机主要由缆塔、锚碇、锚固系统、风缆系统、索鞍、主索、天车系统、起重牵引系统、操作系统、指挥通信系统及施工监视系统组成，如图 2-9 所示。丽江侧和香格里拉侧缆塔分别位于 1 号和 2 号主塔上横梁顶面，缆塔高 30.49 m，主索上下游侧分为两组，每组 24 根主索。48 根主索中有 8 根主索通过在散索鞍支墩上设置转向反锚在索鞍上，以减小主索在缆塔顶不平衡水平力及塔顶偏位。

牵引索为 4 根 ϕ40 mm 纤维芯钢丝绳，走 4 布置。单组设置 2 台 40 t 摩擦式卷扬机，全桥共 4 台。

起重索为 8 根 ϕ34 mm 纤维芯钢丝绳，走 10 布置。单组设置 4 台 20 t 单慢卷扬机，吊装主塔侧钢梁节段，最大起升高度 280 m，单台卷扬机容绳量 4 700 m。

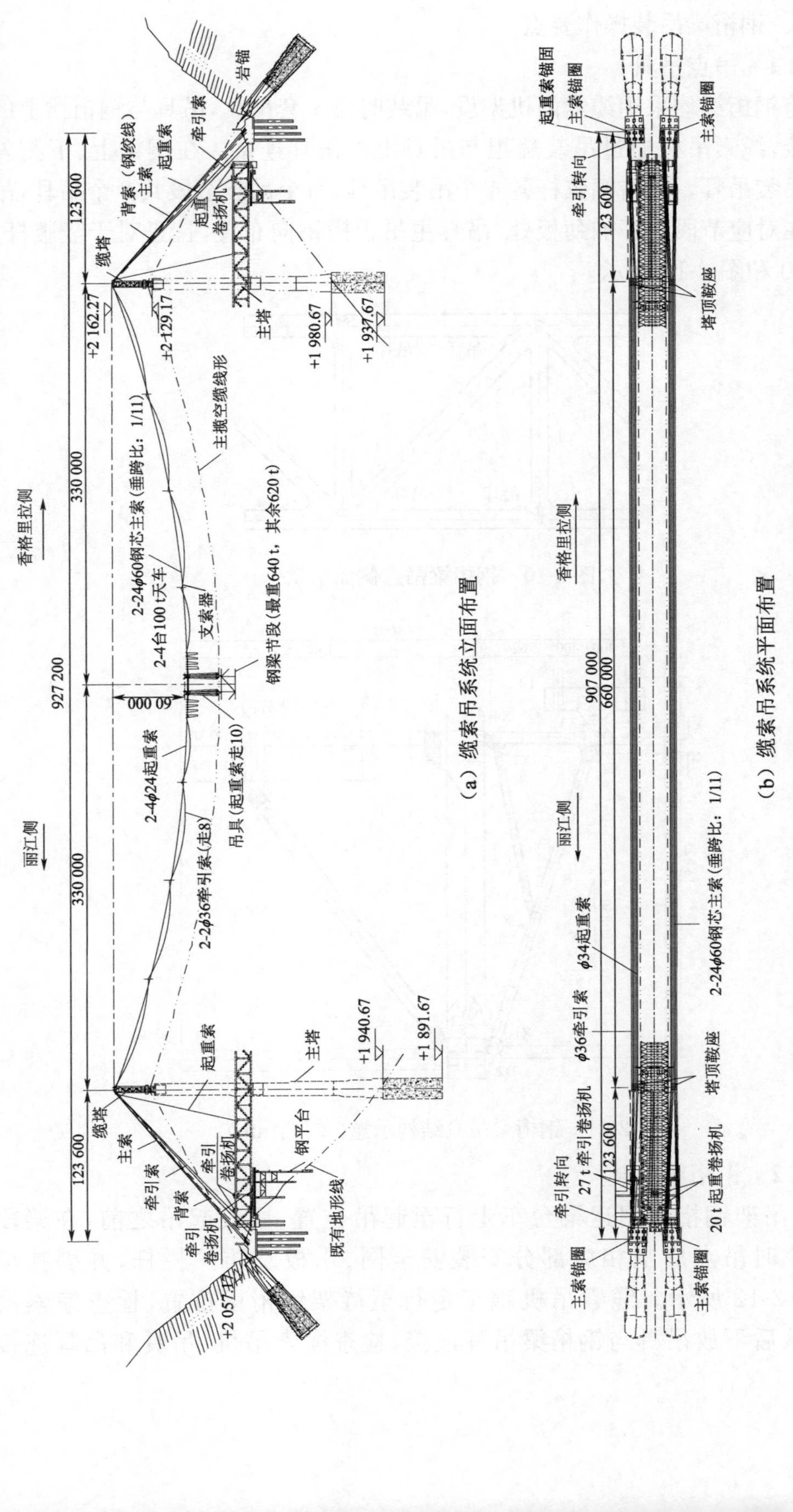

图 2-9　缆索吊机总体布置示意（单位：除高程以 m 计外，其余均为 mm 计）

5.6 钢桁梁吊装操作要点

5.6.1 吊点吊具

中跨钢桁梁均采用缆索吊机架设，吊装时设 1 套吊具，吊具与钢桁梁上的吊耳连接，缆索吊机通过吊装扁担与吊具上的吊耳连接。在钢梁上、下弦外侧设置吊装吊耳，左、右幅弦杆各 4 个吊装吊耳，每个吊装节段共 8 个吊耳，吊耳设置在对应节段弦杆加劲板处，吊耳主吊板横桥向布置，且正对于竖腹杆，如图 2-10 和图 2-11 所示。

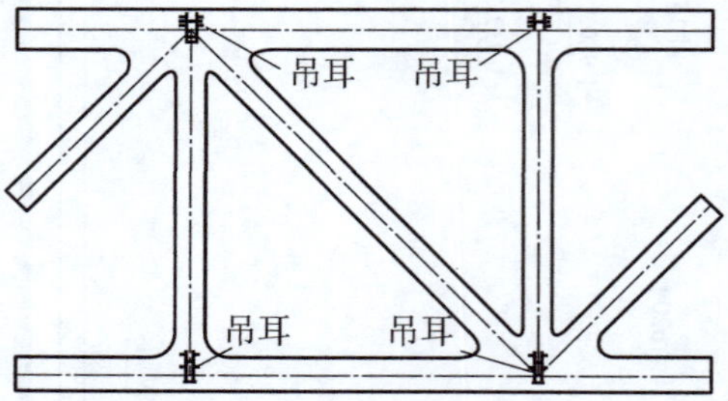

图 2-10 钢桁梁吊点侧面示意

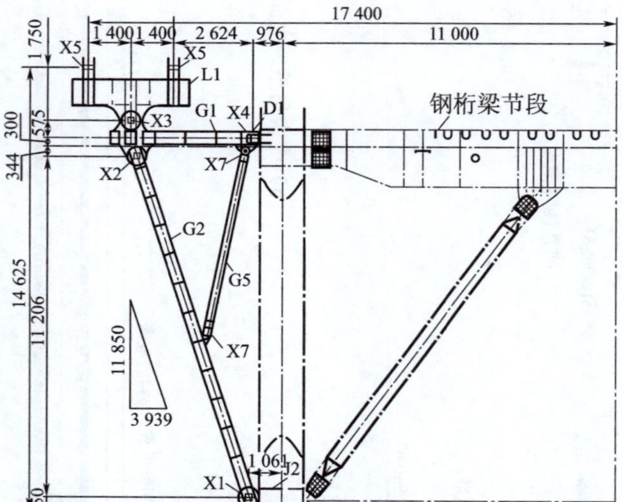

图 2-11 钢桁梁吊具结构示意（单位：mm）

5.6.2 钢桁梁吊装

（1）吊架钢桁梁用运梁台车走行至起吊位置，梁段起吊之前，在梁段永久及临时吊点周围相应部分安装安全网、木板及防护栏杆，并绑扎牢固，如图 2-12 所示。缆索吊机跑车走行至待架钢桁梁位置，检查缆索吊机并签认后下放吊具与钢桁梁吊耳连接，检查缆索吊机、吊具和吊耳连接情况，确认正常后，启动缆索吊机起重系统，将钢桁梁节段起吊约 30 cm 高，静置 5～10 min，观察吊装系统各部件情况，确认正常后，继续进行钢桁梁起吊提升，提升过程中保持四个吊点基本水平。对缆索吊机、吊具、吊耳进行检查并记录。

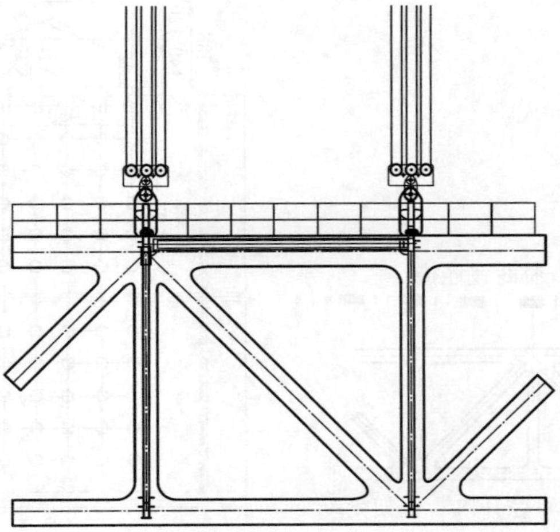

图 2-12　钢桁梁吊装示意

钢桁梁起吊提升到距设计高程 10～20 m 处后，停止提升，启动牵引卷扬机，将钢桁梁牵引至设计里程位置后再次进行提升，直至钢桁梁节段高出设计位置 10～20 cm，停止钢桁梁节段提升。施工人员由猫道通过挂梯下至钢桁梁顶面，拉动吊索至吊点附近，通过微调对位后，安装吊索与钢桁梁耳板之间的连接销轴，安装完成后作为永久吊索连接。安装完成后缓慢下放吊具使吊索受力，确认一切正常后，摘除吊具与钢梁吊耳间的连接，完成首节钢桁梁 L2 节段架设，如图 2-13 所示。

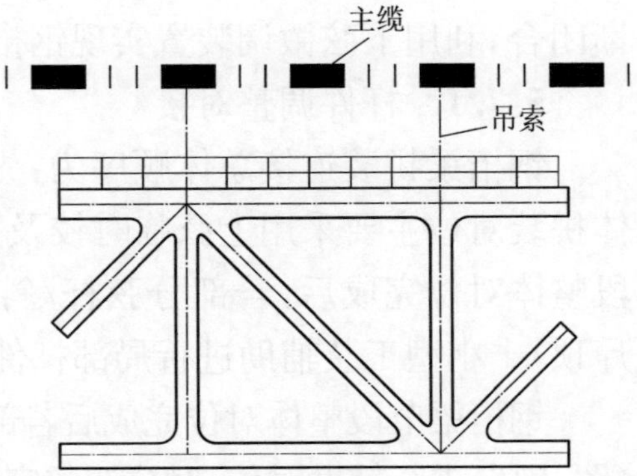

图 2-13　首节钢桁梁吊装示意

(2) 因悬索桥钢桁梁由跨中向边跨方向架设，同时由于其受力及主缆线性特点，在架设中跨其他节段时，架设节段之间存在开口，下弦开口大，上弦开口小，在架设过程中节段之间上弦采用临时铰临时连接，下弦呈自由状态，如图 2-14 和图 2-15 所示。所以，其他中跨钢桁梁 E14～E35、E35′～E13′采用同样的方法与相应的吊索连接后，新架设钢桁梁与已架钢桁梁之间通过临时铰连接，确认吊索与锚箱连接正常后，摘除吊具与钢桁梁吊耳间的连接，缆索吊走行至下一钢桁梁节段吊装位置进行下一节段钢桁梁安装。

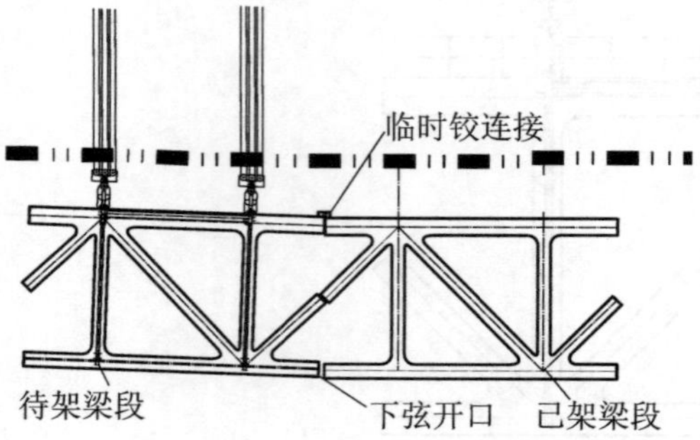

图 2-14　其他钢桁梁吊装示意

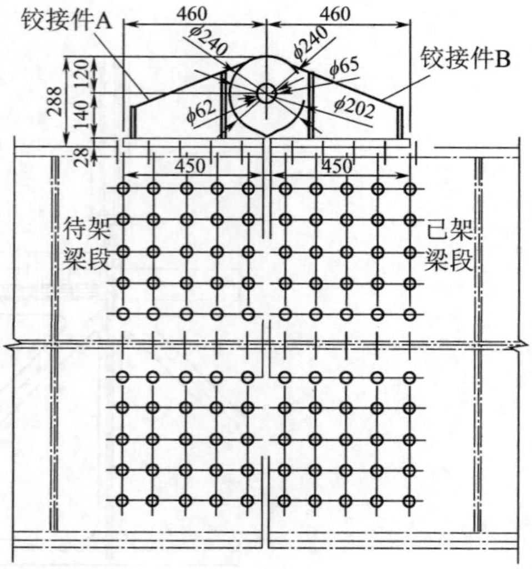

图 2-15　上弦临时铰示意(单位:mm)

5.7　钢桁梁拼装调整

随着钢桁梁逐节段架设、主缆线形逐渐变化，钢桁梁节段下弦杆接口逐渐闭合，利用下弦微调装置实现钢桁梁整节段的竖向对位调整。

5.7.1　杆件调整对接

钢桁梁拼装连接总体顺序为:先下弦杆、再上弦杆、最后斜杆。钢桁梁整体拼装对位主要采用上弦临时铰及下弦微调装置进行匹配对位，待钢桁梁节段整体对位完成后，若部分弦杆/斜杆对位困难时，采用手拉葫芦(或手摇千斤顶)＋小型工装辅助进行局部杆件拼装对位。

钢桁梁节段整体对位完成后若部分弦杆存在错位，采取弦杆对拉微调装置(图 2-16)进行辅助对位，对拉调整完成后，在腹板中线处每边打入 10～12 颗冲钉实现上、下弦杆铰接连接。

完成下弦杆、上弦杆拼接后，最后进行斜杆拼接和斜杆对位辅助调整，调整完成后，在工字形斜杆腹板处每边打入 10～12 颗冲钉，使斜杆铰接连接。

5.7.2　拼接板安装

(1) 上、下弦杆的拼接板均在钢梁预拼场拼装时采用工具螺栓＋木楔块的形式预先安装在前一钢梁接头处(拼接板与母板间抄垫木楔块使拼接板形

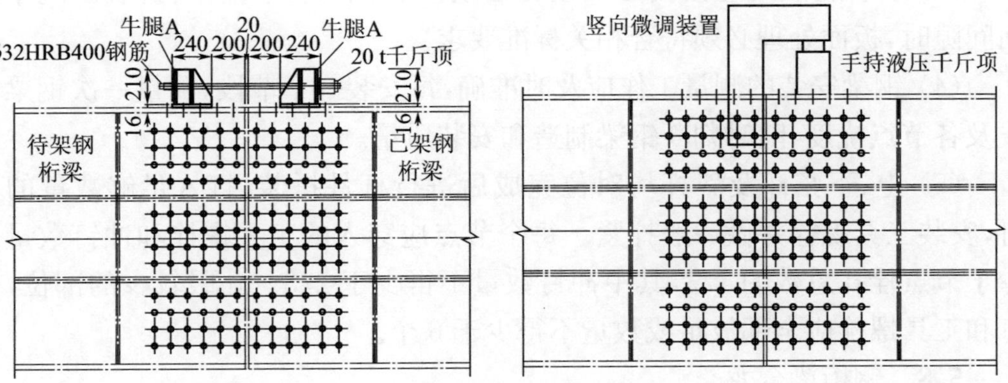

图 2-16　弦杆对拉微调装置布置示意(单位:mm)

成开口),待钢桁梁精确对位后将木楔块拆除,拼接板合至设计位置。

(2) 钢桁梁节段拼装时斜杆拼接板不参与对位,外部拼接板参照上、下弦杆拼接板方法以开口形式临时固定在前一节段斜杆端头处,内部拼接板通过内缩至斜杆内腔进行临时固定。待上、下弦杆及斜杆对位完毕后,从已拼装斜杆内拉出斜杆拼接板进行安装。斜杆对位辅助调整如图 2-17 所示。

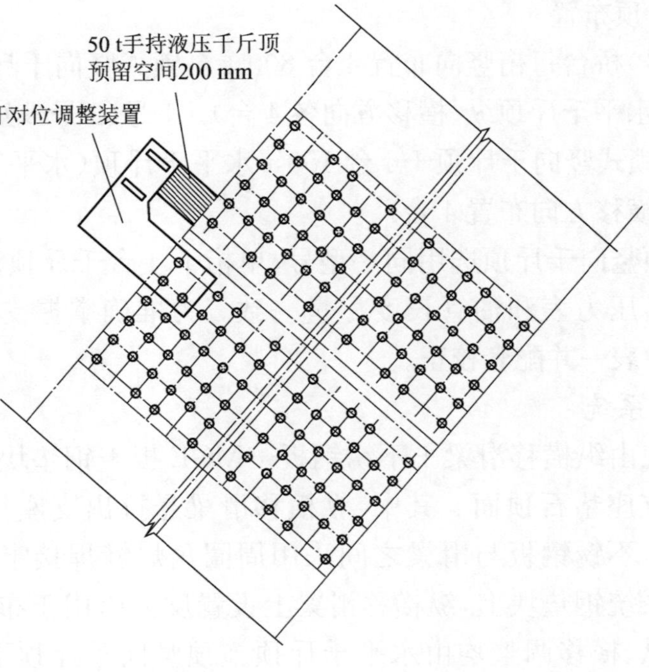

图 2-17　斜杆对位辅助调整示意

(3) 杆件拼装时栓接板面及栓孔必须洁净、干燥、平整,当拼装出现摩擦面间隙时,板面处理必须符合相关标准要求。

(4) 钢梁安装的测量工作应及时准确,每安装一个节段,测量一次钢梁中线及各节点挠度,随时判断钢梁制造和安装质量。

(5) 上、下弦杆及斜杆均对位完成后进行杆件拼装,打入足够数量的冲钉,安装工具螺栓并做一般拧紧。每个节点应穿入的工具螺栓和冲钉数量不少于节点栓孔总数的 1/3,其中冲钉数量不得少于 2/3。孔眼较少的部位,冲钉和工具螺栓应全部放足或数量不得少于 6 个。

5.8 钢桁梁合龙

在中跨钢桁梁设置两个合龙段,均设置于近主塔内侧处,丽江侧合龙段为 E12-E13,香格里拉侧合龙段为 E11′-E12′。合龙段吊装完成并与吊索及跨中侧梁段连接固定后,中跨钢梁不动,通过墩顶千斤顶调整装置调整边跨钢梁姿态并纵移完成全桥钢梁合龙。

5.8.1 墩顶布置

1 号、2 号主塔下横梁,0 号、3 号桥台顶均布置有三向调整装置。墩顶三向调整装置主要包含竖向千斤顶、水平千斤顶及滑移系统等,用于合龙前边跨钢梁姿态的调整。

(1) 千斤顶布置

0 号(3 号)桥台每桁竖向布置 4 台 800 t 自锁式竖向千斤顶和 8 台 150 t 水平千斤顶(水平千斤顶纵、横移方向各 4 台)。1 号(2 号)墩墩顶单桁下布置 4 台 800 t 自锁式竖向千斤顶+6 台 150 t 水平千斤顶(水平千斤顶在纵移方向布置 2 台、横移方向布置 4 台)。

同一墩顶竖向千斤顶选用同一型号,单桁下 4 台千斤顶油管并联。油压千斤顶、油泵、压力表和油管长度尽量一致。为准确掌握支点反力,对千斤顶、油泵、压力表一并配套校正。

(2) 滑移系统

滑移系统由纵横移滑梁+不锈钢板+MGE 板+钢垫块组成,布置于墩顶(横梁顶)支座垫石顶面。其中,纵横移滑梁悬挑出支座垫石部分采用型钢垫块抄垫。不锈钢板与滑梁之间采用周圈角焊缝焊接牢靠,竖向千斤顶布置于滑移系统钢垫块上,纵横移滑梁上设置反力座用于布置水平千斤顶。钢梁所有的纵、横移调整均由水平千斤顶施顶竖向千斤顶下的钢垫块来完成,各钢结构支撑之间接触表面(除滑动面外)均应垫一层石棉网以增大摩擦。

5.8.2 钢桁梁合龙

(1) 边跨钢桁梁架设顶推时，钢桁梁节段顶推至设计位置偏边跨侧150 mm，为中跨钢桁梁架设后钢桁梁合龙留出空间。

(2) 缆索吊机走行至钢梁预拼场上方梁段吊装位置，下放吊具与钢梁节段吊耳连接，起吊钢梁节段，走行至合龙口下方时，减慢吊装速度，并安排专人观察指挥钢桁梁吊装，防止与已架钢桁梁碰撞。合龙段提升如图 2-18 所示。

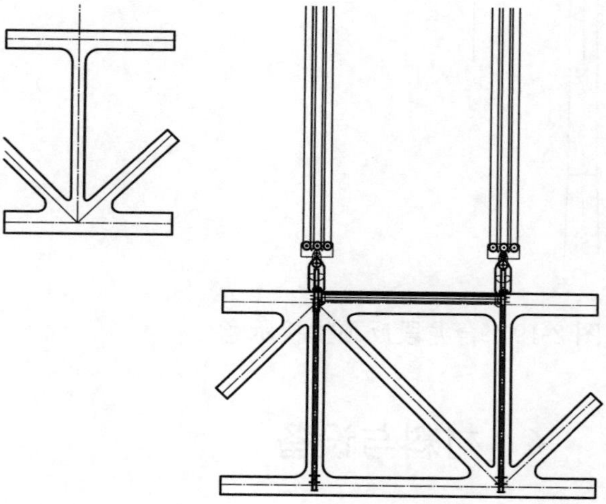

图 2-18　合龙段提升示意

(3) 钢桁梁节段 E12-E13、E11′-E12′继续缓慢提升，因钢桁梁前后端斜杆均伸出上、下弦杆(桥面板)491 mm(小于 500 mm)，合龙段钢桁梁斜杆通过相邻节段斜杆时可正常通过，为避免出现意外碰撞，采用手拉葫芦对钢桁梁姿态进行微调。

(4) 提升钢桁梁节段直至比设计高度略高，连接吊索。缓慢松放缆索吊机，合龙段钢桁梁在自重、吊索拉力及缆索吊机拉力共同作用下逐步偏移至设计位置，上弦通过临时铰与相邻节段对接，下弦通过对拉杆调整对接后，进行高强度螺栓联结。

(5) 利用 0 号、3 号桥台和 1 号、2 号主塔下横梁顶三向调整装置中的竖向千斤顶起顶边跨钢桁梁，调整边跨钢桁梁合龙口位置高程及断面转角使其与中跨钢桁梁合龙口相匹配。待中跨合龙段钢桁梁吊装、拼接完成后，利用纵向千斤顶将边跨钢桁梁整体向中跨侧反顶，纵移边跨钢梁至合龙位置，最后进行钢桁梁合龙。合龙段反顶拼接如图 2-19 所示。

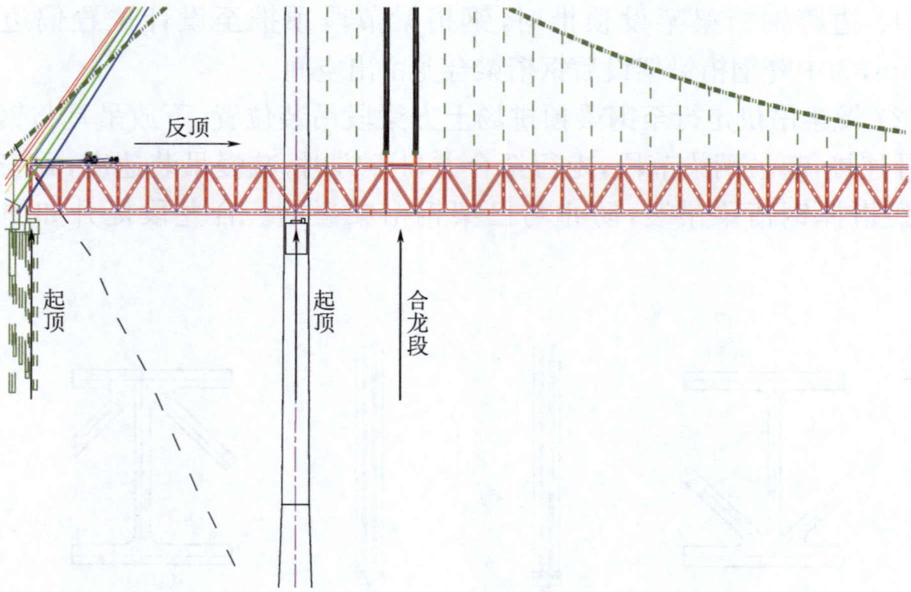

图 2-19　合龙段反顶拼接示意

6　材料与设备

6.1　施工材料

施工材料配置见表 2-1。

表 2-1　施工材料配置

序号	名　称	用　途
1	钢　管	缆索吊
2	钢板、型钢	缆索吊、临时铰
3	钢丝绳	缆索吊
4	钢绞线	缆索吊
5	轨　道	钢梁纵横移
6	卸　扣	起重作业
7	焊　丝	焊　接

6.2　施工设备配置

施工使用的主要机具设备见表 2-2。

表 2-2 主要机具设备

序号	设备名称	型号与规格	单位	数量
1	龙门吊	100 t/80 t	台	2
2	运梁台车	700 t	台	8
3	30 t 汽车吊	1	台	1
4	CO_2 气体保护焊机	—	台	24
5	高强度螺栓电动扳手	PID-2 000 J	把	12
6	高强度螺栓带响扳手	2 000 N·m	把	6
7	电动检查扳手	—	把	2
8	稳压器	—	台	8
9	手拉葫芦	10 t	台	按需求配置
10	全站仪	—	台	2
11	水准仪	B20	台	2
12	水准尺	5 m	把	2
13	超声波探伤仪	—	台	1
14	电子测温仪	LFZH-CRB-2	台	1
15	漆膜测厚仪	—	台	2
16	缆索吊	800 t	套	1
17	吊具	—	套	1

7 质量控制

7.1 质量控制标准

严格执行《铁路桥涵工程施工质量验收标准》(TB 10415—2018)等标准和规范要求。

7.2 施工质量控制

7.2.1 材料进场时进行必要的外观检查和相关试验，确保质量合格。

7.2.2 钢梁杆件拼装一般由下而上，先下平面，后立面，要尽快形成闭合稳定的结构体系，严格控制杆件拼装位置。拼装工作主要使杆件正确就位，保证栓孔重合率，如有错孔，要查明原因，进行研究并处理，不得随意扩孔或用大锤强行通过。

7.2.3 杆件对孔后，先穿一部分高强度螺栓，将板缝夹紧，首先打入定位冲钉，至少在节点远端打入四个，再打入25%的一般冲钉，穿上25%的螺栓，吊机才能松钩，然后上满剩余的高强度螺栓。初拧需检查板缝是否密贴，用0.3 mm塞尺检查，其插入板缝深度不能大于20 mm。

7.2.4 钢梁架设时冲钉受力，为保证拱度，一般以冲钉直径小于设计孔径0.2 mm的为定位冲钉，以小于设计孔径0.3 mm的为拼装冲钉，要与工厂试拼时得出的钉孔重合率相适应(可取过孔率50%的试孔器直径作为冲钉直径)，冲钉圆柱体的长度要大于板层厚度。

7.2.5 在承重支架上拼装钢梁时，除保证支架有足够的承载力和预留压缩下沉量外，应特别注意钢桁梁的拼装拱度曲线。严格按施工设计图纸施工，架设前经有关部门进行全面检查。其上均设置水平、中线观测点，随时观测架梁过程中沉陷和变位情况，以便及时调整。

7.2.6 主桁杆件闭合、节点高强度螺栓100%终拧后，下弦杆前端节点底面与支架支点垫块之间才能用钢板连接。该节间高强度螺栓全部终拧后，再拼装下一节间。

7.2.7 斜杆与整体节点插入拼装时，如装配时间隙过小无法自由插入，允许使用梯形螺纹顶将整体节点撑开少量或将待插入斜杆端部用法兰收拉，但不得使用大吨位的千斤顶，绝对不允许损伤整体节点板角焊缝，整体节点顶开量应在预拼场作预拼试验时取得数据，以利拼装。

8 安全措施

8.1 设立专职安全员，严格实施监控，通过设置安全网和栏杆，防止人由孔口坠落，防止钢丝或钢丝绳断、飞、弹，防止起吊设备走行时出轨翻车；各工序要互相创造条件，不给下道工序或下一班组遗留隐患；发现上道工序或上一班组遗留的隐患，要及时上报处理，消除隐患后再作业。

8.2 应设置专门安全管理机构，建立安全生产责任制及教育培训制度，制定专项应急预案。

8.3 从事高处作业人员必须定期进行身体检查，诊断患有心脏病、贫血病、高(低)血压病、癫痫病、恐高症及其他不适宜高处作业疾病的人员，不得从事高处作业。

8.4 执行安全教育制度和安全生产定期检查规定，未经安全教育或教育时间不足的人员不准上岗作业。

8.5 各类起重司机必须取得操作合格证，不准操作与操作合格证不相符的机械，不准将设备交给无本机操作合格证的人员操作。

8.6 起重机的吊钩和吊环严禁补焊，有下列情形之一者，应当更换：危险断面和钩颈有永久变形、表面有裂纹、挂绳处断面磨损超过高度的10%、吊钩衬套磨损超过原厚度50%或心轴（销子）磨损超过其直径的3%～5%。

8.7 物件吊装要坚持“十不吊”作业纪律，物件吊立前首先与吊车司机联系好，用专用吊具，并由专人指挥，按起重安全规定执行；物件上附件连接悬挂绑牢，防止在吊运中掉下伤人；物件起吊运行过程中严禁从人上方经过；吊卸物件时，工作人员不准在吊卸模具下进行工作或行走；拆卸下的物件零件，必须码放整齐或放置在指定位置。

8.8 高处作业应配置对讲机或规定旗语、哨音作为上下联系信号，信号应统一明确，并有专人负责。禁止多人同时讲话，以免误操作，发生事故。

8.9 施工中，发现高处作业的安全防护设施有缺陷或隐患时，必须立即报告，及时解决。危及人身安全时，必须立即停止作业。

8.10 高处作业人员必须按规定正确使用合格的安全帽、安全带、安全网等防护用品，并定期进行检查认定。

8.11 要定期对钢梁预拼场的沉降数据进行测量。

8.12 根据起重量和施工安全要求选用千斤顶，使用前应了解其性能和操作方法，经试顶确认良好，方可使用。千斤顶应安放在有足够承载能力而又稳定的结构物上。上、下接触面之间，应垫防滑材料。千斤顶的放置，应对正被顶物件的重心位置，当同时使用两台以上千斤顶进行工作时，不得超过允许承载能力的80%，须使各台千斤顶受力的合力作用线与被顶工作物中心相吻合，以防千斤顶负重后发生倾斜。

8.13 喷涂时在两端设置防爆排风扇，有出有进，以达到循环空气的目的，操作应穿戴长管供气式防护面具、护目镜、皮手套及工作服，操作地点应通风良好。

8.14 施工设备临时用电前，必须按照相关标准进行检验，经检验确认合格后方能使用。

9 环保措施

9.1 贯彻落实国家关于环境保护的专项法律法规，有针对性地制定专项环保方案，加强宣传教育，切实执行。

9.2 建立健全针对性的环保工作体系，落实责任制，配备专人进行管理。

9.3 施工环保方案

9.3.1 对施工现场生产、生活用水的排放进行控制，建好生产区和生活区排水沟等设施。

9.3.2 加强机械管理，执行《建筑施工场界环境噪声排放标准》(GB 12523—2011)标准，减少施工过程中的噪声。

9.3.3 采取有效措施妥善保护施工及生活区域外的绿化草地、植物、花木及道路等公共设施，避免泥浆、油污、生活垃圾、有毒及化学物质对其造成污染。

9.3.4 加强职工的环保知识教育，树立全员环保意识。

9.3.5 在施工区域、生活区域落实做好危险品现场控制、消防应急现场控制。

10 效益分析

该工法具有机械化程度高、施工速度快、适应性广、施工质量高等特点，解决了极复杂艰险山区地形复杂、桥址交通不容许大杆件运输、钢梁架设过程线形变化大、体系转换多等问题。

采用双节间整体吊装，减少了高空作业时间，作业更加安全；提高了施工效率，缩短了50%吊装作业时间，节约了工期。

11 应用实例

丽香铁路金沙江特大桥中跨钢桁梁采用双节间整体吊装，施工过程均较为顺利，本工法的成功实施，取得了良好的施工效果，为极复杂艰险山区重型钢桁梁双节间整体架设施工积累了成功经验，在山区悬索桥工程中具有广泛的推广运用前景。

参编单位：中铁大桥局集团有限公司。

参编人员：伍小团、杨彦海、王芳、张露、王雄、邹洋、柴杰斌、吉飞飞、田聪、王斌、赵伟。

三、超大直径主缆索夹同步分级张拉施工工法

1 前 言

悬索桥结构受力明确，恒载和活载通过吊杆传递到主缆，索夹与主缆之间的抗滑摩擦可以确保这种传递的有效性。索夹螺杆张拉力不足会导致抗滑摩擦力不足，从而导致索夹在主缆上滑移，这不仅会改变吊杆状态（竖直吊杆变成斜吊杆），对结构产生不利影响，还会损坏主缆防锈层，划伤缠丝，导致主缆损伤。索夹滑移后的位置调整或者重新安装施工难度极大，对交通线路影响巨大，因此索夹螺杆张拉力的控制是悬索桥施工质量控制的关键环节。国内外已建、在建悬索桥项目中，索夹张拉均采用对称分批张拉，张拉力分布不均匀、损失率较高等问题普遍存在，为了消除上述现象，需要对螺杆进行反复检查、反复张拉，耗时费力且效果不佳。

新建连镇铁路五峰山长江特大桥主缆横向中心间距 43 m，单根主缆长约 1 932 m、直径 1.3 m，由 352 根索股组成。每根索股由 127 根直径 5.5 mm、强度为 1 860 MPa 的高强度平行钢丝组成。设计空隙率在索夹处取 18%，在索夹外取 20%。索夹分有吊索索夹和无吊索索夹，有吊索索夹与吊索采用销轴连接。索夹均采用上下对合型结构形式，采用 M52 高强度螺杆连接紧固。大桥的荷载在悬索桥中首屈一指，其主缆为世界上最大直径主缆，对应的索夹也是世界最大的，单个索夹最重达 10.8 t，长 2.4 m。为了确保索夹与主缆之间摩擦力能够满足抗滑需要，单个索夹最多设计了 24 根螺杆对其进行对拉。为了确保施工过程中螺杆张拉力分布均匀，新建连镇铁路五峰山长江特大桥主缆索夹张拉采用同步分级张拉的施工工法。

2 工 法 特 点

2.1 采用逐级持荷保压的方法，在拉伸器达到一定压力时，进行保压持荷，使主缆内部钢丝充分蠕动、变形，大大减缓螺杆轴力损失速率。

2.2 采用同步分级张拉的方法，能确保单个索夹上所有螺杆轴力分布均匀。

2.3 使用的同步拉伸装置小巧轻便、安全可靠，通用性强，能够适应的相邻螺杆中心距最小可达 20 cm。

2.4 采用超声波螺杆轴力检测技术，配合传统的单台手摇泵检测技术，对螺杆轴力分布、变化情况进行系统全面的检测，根据检测结果进一步指导现场施工。

3 适用范围

本工法适用于悬索桥对合式索夹的安装，在大型悬索桥施工中更具有优势。

4 工艺原理

本工法主要的工艺是在单个索夹所有螺杆上安装拉伸器，通过油泵驱动使其同步、分级张拉至设计轴力。每一级张拉完成后，通过拨套拧紧螺帽。分级张拉时，尤其是最后一级张拉后，需要长时间保压持荷，让主缆钢丝充分蠕动、变形，使主缆结构更加稳定，内力分布更加均匀。

5 施工工艺流程及操作要点

5.1 施工工艺流程

本工法的施工工艺流程如图 3-1 所示。

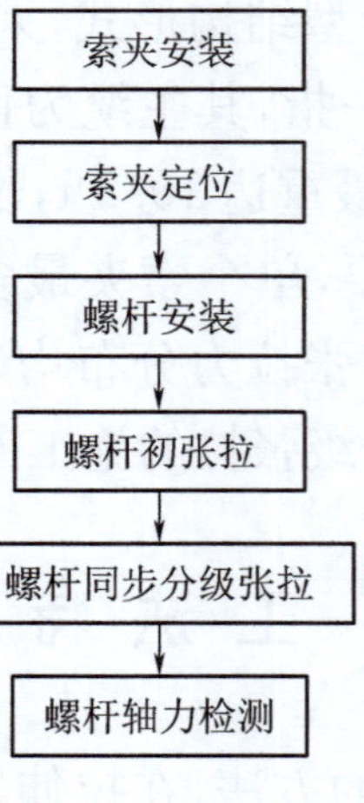

图 3-1 施工工艺流程示意

5.2 索夹安装

5.2.1 将索夹吊装到位并上下对合之后，先在4个角穿上4根螺杆并对其进行初步张拉，张拉力控制在10%设计拉力以内，使索夹与主缆密贴，索夹对主缆产生一定的握裹力，确保后续作业时索夹的安装位置固定不动。

5.2.2 剩余索夹螺杆孔中穿入螺杆，调整所有上螺杆外露长度，确保防水螺帽能全部拧入，且防水螺帽顶部还留有适当空隙。尽量调整凹凸垫圈保证其同轴，同时调整防水螺帽棱角与螺帽棱角对应，以便后续防腐涂装作业。

5.3 拉伸器安装

5.3.1 拉伸器进场验收合格后，对所有油泵、拉伸器进行验收并编号，油泵、油表和拉伸器需要配套使用，每个油泵对应一个油表和12个拉伸器。

5.3.2 提前对所有拉伸器进行标定，得出拉伸器的平均线性回归方程，并计算设计拉力下对应的油压，计算公式为

$$P=k\cdot N+c \quad (1)$$

式中 P——油压表读数；

k——调节系数(试验所得)；

N——拉伸器张拉力；

c——调节系数(试验所得)。

5.3.3 拉伸器安装前将螺母在螺杆上从头到尾拧一遍，确保紧固体系匹配良好。若发现施拧不畅的，需通知厂家现场处理，或返厂处理。

5.3.4 为更好地保证张拉作业的同步性，将每台油泵对应的拉伸器在大小里程交叉布置，拉伸器安装如图3-2所示。

图3-2 拉伸器安装示意

5.4 同步分级张拉

5.4.1 索夹正式张拉之前，再次确认索夹安装位置，复核记录索夹偏转和横桥向、纵桥向偏位情况，确保索夹安装位置准确。

5.4.2 启动拉伸器，将各螺杆同步张拉至设计张拉力的10%，拧紧所有螺杆的螺帽。在索夹两侧缝隙的左、中、右三处合适位置画上下贯通的直线，用游标卡尺测量并记录该三处缝隙宽度、下螺帽外露长度及周长和纵横向主缆直径，张拉前初始数据采集如图3-3所示。

图3-3 张拉前初始数据采集

5.4.3 分级将螺杆张拉至设计张拉力，张拉过程中同步拧紧下螺帽。其中在张拉至设计张拉力的50%及100%时需测量并记录索夹缝隙各标记点的宽度、下螺帽外露长度、主缆周长和纵横向直径。拉伸器单次拉伸行程为15 mm，行程到位后需要体系转换，螺帽受力油缸松顶回程后再循环进行张拉。

5.4.4 分级张拉时先驱动拉伸器达到对应油压后持压，在当前压力下通过螺母拨套拧紧螺杆螺母，然后依次旋转拉伸器使拉伸器底口再次与索夹密贴，所有拉伸器均旋转到位后，再次驱动拉伸器完成下一个行程的张拉。分级张拉过程中若发现个别拉伸器进尺存在异常，需要及时排查问题后才可继续。

5.4.5 张拉至100%设计张拉力之后，需要对张拉油泵进行保压，确保单次油压下降5%的时间不小于20 min，张拉完成后持荷保压如图3-4所示。

图3-4 张拉完成后持荷保压

5.4.6 油压稳定后，用超声波检测仪依次对所有螺杆进行检测，并用小锤敲击上螺帽，检查所有下螺帽确保其均已拧紧，油泵回油、拉伸器放松。

5.5 轴力检测和复测

5.5.1 拉伸器拆除后再用超声波检测仪及单台手摇泵依次对所有螺杆进行轴力检测，并记录相关数据。

5.5.2 在索夹张拉完成后、张拉完成 24 h 时、张拉完成 72 h 时，分别对全部索夹螺杆轴力用超声波检测仪进行检测。

5.5.3 全桥索夹张拉完成后，每隔 10 天需要对已安装索夹螺杆的 10% 进行轴力抽查，若发现个别螺杆轴力低于设计张拉力的 70%，需要对该索夹全部螺杆进行检测并复拧。

5.6 超声波检测

5.6.1 检测原理和方法

由于超声波在检测螺杆内的传播速度、传播时间与螺杆的应力、轴力大小存在线性关系，可通过换算公式得出螺杆的轴力。高强度螺杆尺寸约定如图 3-5 所示。

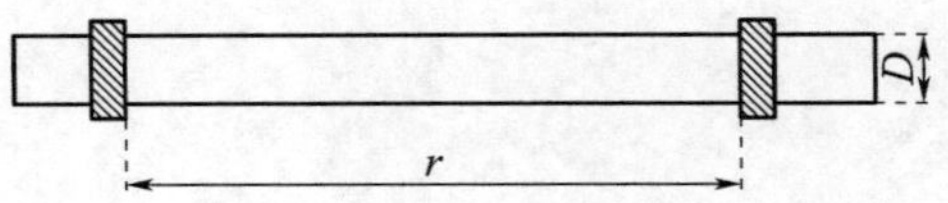

图 3-5　高强度螺杆尺寸约定

超声波在高强度螺杆内部中的传播速度与螺杆轴向应力呈负线性关系，即应力增大，传播速度降低；超声波在高强度螺杆内的传播时间与其轴力呈正线性关系，即轴力增大，螺杆伸长，传播时间也加长。短时间内温度基本被认为恒定不变时，超声波在螺栓内的轴向传播时间与螺栓轴力存在的线性关系如下：

$$F=\pi D^2 \frac{E}{8(r+D)} \frac{K_s \Delta S C_{t_0}}{1+K_t(t-t_0)} \tag{2}$$

式中　F——螺杆轴力；

E——材料弹性模量；

r——夹持长度；

D——缩腰处直径；

t, t_0——当前温度和自由状态下的温度；

ΔS——当前轴力状态与自由状态超声回波声时差；

C_{t_0}——温度为 t_0、自由状态下的超声波传播速度；

K_s, K_t——分别表示应力系数和温度系数，由材料决定，可以通过试验进行标定。

在对索夹螺杆轴力进行检测之前，需要进行室内或现场试验完成公式(2)标定，然后根据标定的公式完成对实桥螺杆的轴力检测。在实际操作中，超声探头固定在螺杆的一端发出超声波，超声波在螺杆内沿轴向传播至另一端面，在这个端面反射，再传播至超声探头被其接收，然后通过超声检测系统测量超声波从发出到反射回来的时间，这个时间称为回波时间，超声波检测如图 3-6 所示。

图 3-6　超声波检测

5.6.2　注意事项

(1) 螺杆张拉之前，检测单位需对所有螺杆初始数据进行采集，便于后续超声数据的分析。

(2) 螺杆张拉后采用超声波进行螺杆拉力检测，同时为确保桥梁结构安全，在一期恒载加载前后、二期恒载加载后及铁路试运营前，对相应索夹的螺杆进行拉力检测，拉力不满足要求时及时补拉。

6　材料与设备

6.1　单个索夹最多设置有 24 套螺杆(SJ1)，对索夹螺杆进行张拉施工时配置 24 台拉伸装置和 2 台电动油泵及若干分配器、油管线路。为保证两岸可同时进行索夹安装施工，合计配备 100 台拉伸装置及相关配件。施工使用的主要机具设备见表 3-1。

表 3-1　主要机具设备

序号	设　备	型号	单位	数量	使用工况
1	拉 伸 器	100 MPa	台	100	配油泵、油管、分配器
2	单顶拉伸器	—	台	4	螺杆张拉力检查
3	超声检测系统	—	台	1	轴力检测
4	游标卡尺	—	把	4	上下半索夹间隙测量
5	量 角 器	—	把	4	拉伸器拨套旋转角度测量

6.2　本工法采用的拉伸器具有小巧轻便、安全可靠、通用性强的特点，拉伸器结构如图 3-7 所示，与常规拉伸器相比，做了以下两方面改进。

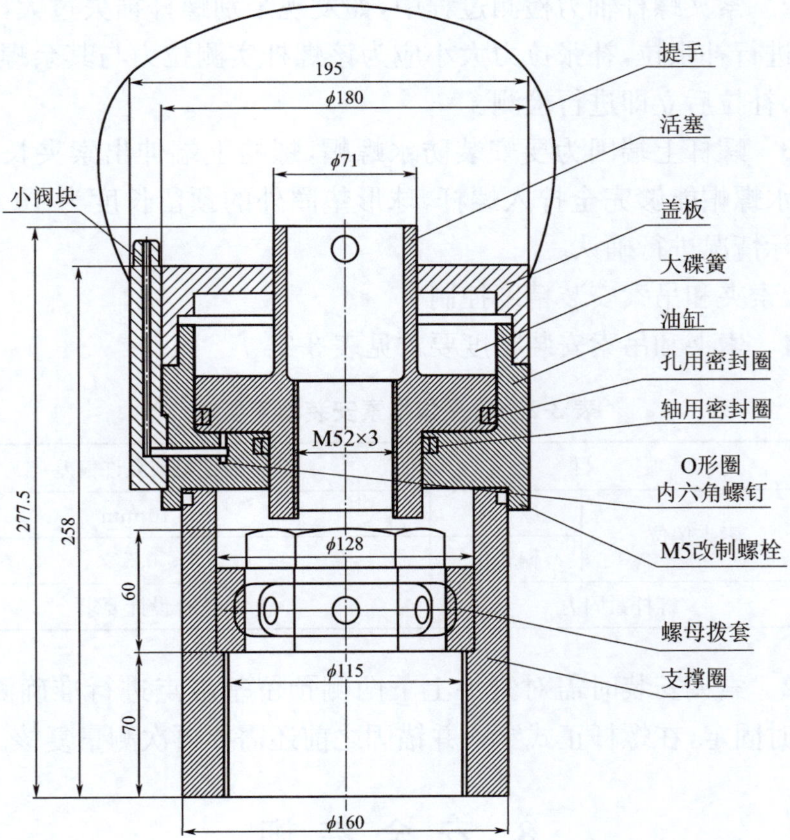

图 3-7　拉伸器结构示意(单位:mm)

6.2.1　常规拉伸器油管小阀块设置在油缸侧面，本工法使用的拉伸器将小阀块改至油缸顶面，拉伸器旋转安装时，可将小阀块作为旋转把手，方便操作。

6.2.2 常规拉伸器螺母拨套和油缸间距较大。当索夹螺杆需要在下端张拉时，需将拉伸器倒头安装，容易出现螺母拨套下移的情况，导致拨套无法使用。本工法在螺母拨套和油缸之间增设了一个弹簧垫圈，拉伸器倒头安装时，垫圈可将螺母拨套顶起，保证拨套正常使用。

7 质量控制

7.1 索夹螺杆施拧质量控制

7.1.1 索夹螺杆入库存放，实行领用制度，每日根据施工进度发放螺杆，当天施工完成后剩余的螺杆需送回仓库，不得随意丢放。

7.1.2 索夹螺杆轴力检测过程中，如发现个别螺杆损失过大，需采用单个拉伸器进行补张拉，补张拉力大小应为该螺杆实测拉力与其余螺杆平均拉力值之差，补拉后立即进行检测。

7.1.3 螺杆上端因为要安装防水螺帽，螺栓上端伸出索夹长度预留量需保证防水螺帽能够完全拧入螺杆，球形垫圈外的预留长度为 40 mm，现场需根据实际情况进行确认。

7.2 索夹和吊索安装精度控制

7.2.1 索夹和吊索安装精度要求见表 3-2。

表 3-2 索夹和吊索安装精度要求

序号	项　　目		规定值或允许偏差
1	索夹偏位	纵　向	≤10 mm
		偏转角	≤0.5°
2	螺杆紧固力		符合设计要求

7.2.2 索夹安装时需对索夹上下两侧预留基准点进行准确测量，测量后进行临时固定，在螺杆正式穿入并锚固之前还需要再次测量复核。

8 安全措施

8.1 施工机械的安全措施

8.1.1 操作人员必须按照拉伸器说明书进行规范操作，严格执行工作前的检查制度和工作中的观察制度及工作后的保养制度，做到工作前检查、工作中观察、工作后保养。

8.1.2 严禁对运转中的机械设备进行维修、保养、调整等作业。

8.2 高处作业的安全措施

8.2.1 所有进入施工现场的人员必须戴好安全帽，并按规定配带劳动保护用品或安全带等安全工具。

8.2.2 施工作业搭设的扶梯、工作台、脚手架、护身栏、安全网等，必须牢固可靠，并经验收合格后方可使用。

8.2.3 人员在主缆及索夹上方作业时需佩戴安全带，安全带无处挂放时，需在主缆上设置防坠绳。

8.2.4 作业用的料具应放置稳妥、小型工具应随时放入工具袋，上下传递工具时，严禁抛掷。

9 环保措施

9.1 张拉前仔细检测每个液压管路的密封情况，及时采取措施防止液压油泄漏，更换液压管路接头时，必须使用接油托盘，防止液压油滴落到江水中造成污染。

9.2 在猫道上每隔 300 m 设置一个垃圾箱，将生活、生产垃圾归类堆放，禁止在桥面上随意抛撒垃圾。

10 效益分析

10.1 经济效益

新建连镇铁路五峰山长江特大桥索夹张拉采用了同步分级张拉的安装方法，实现了超大直径主缆索夹同步张拉，有效提高了张拉效率，减少了张拉次数，与同类型索夹张拉施工方法对比，效率提高了 50%，减少了两轮次张拉作业，同时减少了过程检查，节约费用约 50 万元，其中卷扬机租赁费 10 万元，人工费 20 万元，综合管理费 20 万元。

10.2 社会效益

索夹同步分级张拉在超大直径主缆索夹安装施工中的成功实施，为索夹安装提供了一种更好的选择，能够更有效地保障索夹张拉质量，具有良好的借鉴意义。

施工过程中无安全及质量事故发生，使主缆索夹安全、快速、优质地完成安装，得到了各方的好评，为类似索夹施工提供了宝贵的经验。

11 应用实例

采用传统的分组对称张拉方式，索夹螺杆一次性张拉到位后螺杆拉力损失较大，一次性合格率低，需进行多次补拉，且同一个索夹的各根螺杆拉力离散性大，拉力分布不均匀。

本工法采用同步分级张拉的方式，每级张拉后都持荷、保压，使主缆内部钢丝充分蠕动、变形，张拉完成后螺杆拉力损失较小，合格率高，同一个索夹上的螺杆拉力分布均匀，索夹受力更为合理。采用的超声波轴力检测技术，可实时掌握每根索夹螺杆的受力状态，保证索夹螺杆的安装质量。

本工法与传统方法相比，成本优势明显，工作效率高，减少返工次数，张拉后螺杆紧固力均衡、稳定，施工设备简单。新建连镇铁路五峰山长江特大桥于 2019 年 7 月至 2019 年 9 月进行索夹施工，累计完成 254 个索夹共 3 900 根螺杆的张拉，为后期吊索安装及钢梁架设施工提供安全保障。张拉过程中，采用手摇泵进行随机抽检，索夹螺杆轴力均匀性良好且均达到设计要求。

本工法在连镇铁路五峰山长江特大桥索夹螺杆张拉施工过程中成功运用，取得了显著的经济效益和社会效益，可以推广到更多的悬索桥索夹施工中。

参编单位：中铁大桥局集团有限公司。

参编人员：冯广胜、韩晓强、王芳、杨彦海、刘文荐、王艳峰、阮梦飞、胡怡之。

四、大跨度斜拉桥塔梁同步施工工法

1 前　言

沪苏通长江公铁大桥主航道桥采用双塔五跨连续钢桁梁斜拉桥结构，孔跨布置为(140＋462＋1 092＋462＋140)m，全长 2 296 m。主梁为三主桁结构，桁间距 17.5 m，桁高 16 m，节间距 14 m。主塔为钻石形塔，高 330 m，采用 C60 钢筋混凝土结构。沪苏通长江公铁大桥为世界上跨度最大的公铁两用斜拉桥，也是首座跨度超千米的公铁两用斜拉桥。

斜拉桥施工多采用塔梁异步施工，即先施工主塔，待主塔封顶后进行钢梁及斜拉索施工。沪苏通长江公铁大桥主航道桥 29 号墩采用塔梁同步施工方法，确保了主航道桥的开通运营，经实践证明，塔梁同步施工技术先进，经济效益和社会效益良好，对该桥塔梁同步施工技术进行总结后形成本工法。

2 工 法 特 点

2.1　塔梁同步施工缩短总工期 6 个月，实现主塔封顶后 3 个月全桥钢梁合龙，管理费及大型设备(塔吊、船舶等)租赁费用大大降低。

2.2　采用“全站仪天顶测量＋全站仪短距极坐标测量”的测量方案，并辅以基于图像的塔偏监测系统，保证了塔梁同步施工后主塔的线形符合设计要求。

2.3　通过不平衡压重、索力微调等手段及时纠偏，提高了主塔施工控制精度及施工质量。

2.4　采用斜拉索同步张拉技术，一次性同步张拉 12 根斜拉索，在提高斜拉索张拉效率的同时保证了索力张拉的均衡性、对称性，减小不平衡索力对塔偏的影响，索力偏差控制在±5%以内。

2.5 针对不同施工阶段，合理布置塔吊资源，上塔柱施工时采用1台ZSL2700和1台ZSL1500同时进行吊装作业，其中ZSL2700布置在中塔柱上。施工期间，交叉进行钢梁托架安装、架桥机安装、斜拉索塔端挂设工作，工作衔接紧凑，工艺先进，经济合理。

3 适用范围

本工法适用于大跨度斜拉桥的主塔和钢梁同步施工。

4 工艺原理

4.1 塔梁同步施工

塔梁同步施工工法（图4-1），即主塔施工中塔柱期间同步进行墩顶无索区钢梁架设及架桥机安装试吊等工作，在上塔柱锚固区施工至一定区段（施工空间满足斜拉索挂设要求、混凝土龄期满足斜拉索张拉要求）后同步进行钢梁悬臂架设及斜拉索施工。施工的过程中，通过多种措施及时纠偏，确保主塔塔偏满足要求，从而顺利进行主塔及后续钢梁施工。

图4-1　塔梁同步施工现场

4.2 塔梁同步测量施工

采用全站仪天顶投点法竖向设置平面工作基准点并采用全站仪天顶测距法同步传递其高程，实现工作基准点三维坐标的同步传递，显著提高了超高桥塔墩施工测量精度。采用“全站仪天顶测量法＋全站仪短距三维坐标法”进行锚固结构定位测量,直接利用工作基准点上的同一全站仪,无需转站,使工作基准点传递和全站仪短距三维坐标测量无缝对接,将绝对定位转变为相对定位,减少了仪器安置误差和距离对三维坐标测量精度的影响,使施工干扰、高空风力影响等不利因素对超高桥塔墩快速定位测量精度的影响降到最低,确保了其定位精度。

4.3 斜拉索同步张拉施工

对称悬臂架设一对钢桁梁需要完成12根斜拉索张拉。采用斜拉索同步张拉技术可以单次同步张拉12根斜拉索,大大提升了效率。

5 施工工艺流程及操作要点

5.1 施工工艺流程

本工法的施工工艺流程如图4-2所示。

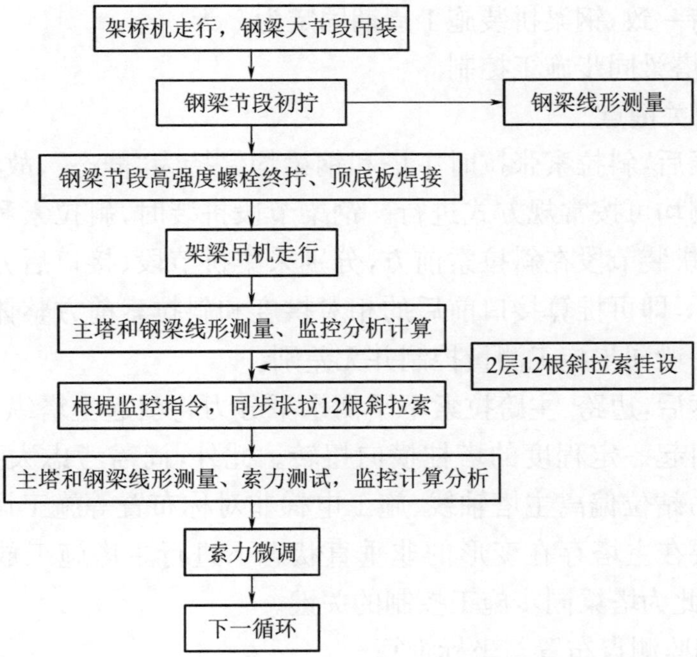

图4-2 施工工艺流程示意

钢梁和斜拉索施工期间,主塔同步进行施工,在钢梁、主塔、斜拉索索力测试期间,主塔暂停施工,主塔塔吊固定站位于横桥向以减少对线形测量结果的影响。

5.2 操作要点

5.2.1 主塔及钢梁施工总体方案

根据主塔结构形式，塔身共分为55节段，采用爬模法施工，标准节段高度为6 m。钢桁梁架设利用1 800 t步履式架梁吊机对称双悬臂进行。上塔柱施工期间采用一台ZSL1500塔吊和1台ZSL2700塔吊作为施工吊装设备。

钢锚梁利用ZSL2700塔吊以组合件形式整体吊装、定位。上塔柱每施工一节，根据节段划分安装两层或一层钢锚梁。首层钢锚梁以三向调节装置精确调位并固定，后续钢锚梁与已经固定的前一层钢锚梁匹配安装。

塔梁同步施工自主塔第39节（上塔柱第5节）混凝土浇筑完成、第40节钢锚梁定位完成启动第1层斜拉索张拉开始，施工过程始终保持挂索施工滞后于主塔施工3个节段，直至主塔施工完成。在架梁吊机拼装钢梁的同时进行斜拉索塔端挂设、梁面展索，钢梁栓焊结束后架梁吊机前移28 m，让出梁端空间，再进行两层斜拉索梁端挂设，最后分层张拉斜拉索。主塔和斜拉索的施工周期保持一致，钢梁拼装施工周期固定为5天。

5.2.2 塔梁同步施工控制

(1) 控制关键点

启动挂索后，斜拉索张拉时主塔和钢梁均保持为“静态”，故索力测量、张拉后塔梁复测均可按常规方式进行。钢梁节段拼装时，斜拉索和主塔均保持为“静态”，且拼装节段在斜拉索前方，分别采集拼节段、接口后方两个节段节点的三维坐标，即可推算接口前后的相对拱度和斜拉索前方整体线形（高程、轴线），与非塔梁同步施工测量控制并无差别。

启动挂索后，边跨、主跨拉索不平衡水平分力将引起主塔纵向偏位，索力不均甚至会引起一定程度的塔柱横向扭转。此外，尚需考虑大型塔吊附着、ZSL2700塔吊站位偏离主塔轴线、施工电梯非对称布置等施工设施的叠加影响。因此需要在主塔存在变形的非垂直状态下进行主塔施工放样坐标计算和复测控制，此为塔梁同步施工控制的关键。

(2) 塔偏监测点布置与坐标推算

为校核理论计算，需在施工中测取主塔偏位后的实际线形。故自第3节开始，依次在下横梁，下横梁以上中塔柱50 m处，中塔柱中部，第33～51节的上、下游侧主塔轴线上埋设观测棱镜，用作实际塔梁同步时的塔偏监测，如图4-3和图4-4所示。因挂索滞后于上塔柱施工3个节段，故主塔封顶后仍在继续挂索，在塔冠埋设观测棱镜即可满足塔偏监测需要。

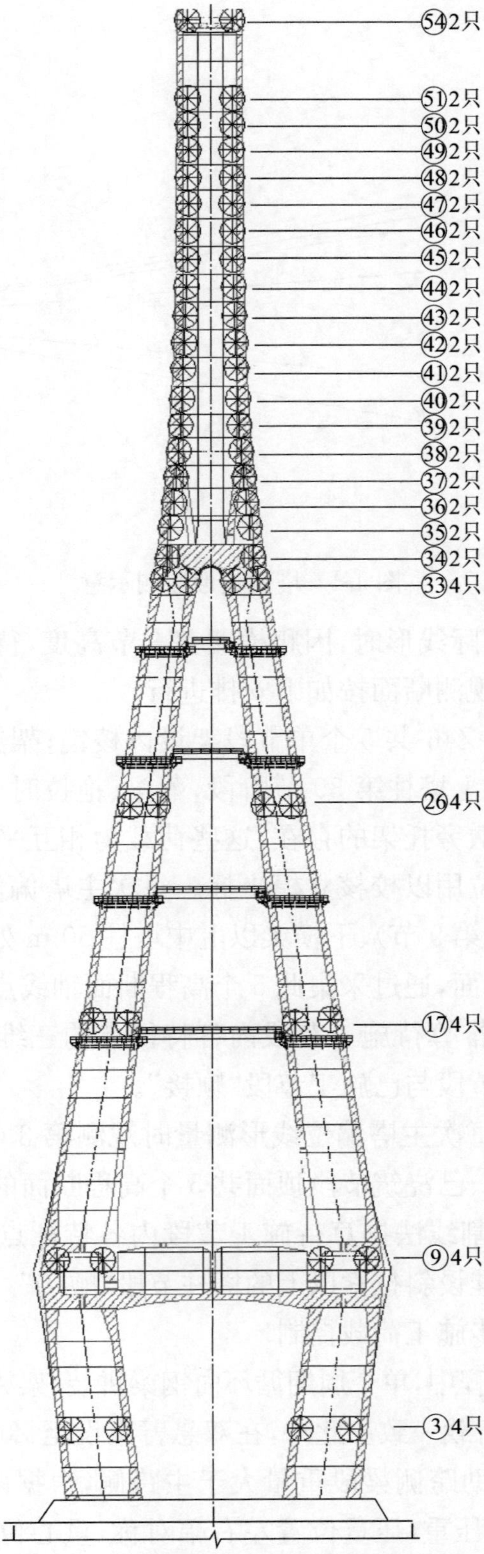

图 4-3　主塔变形监测棱镜布置示意

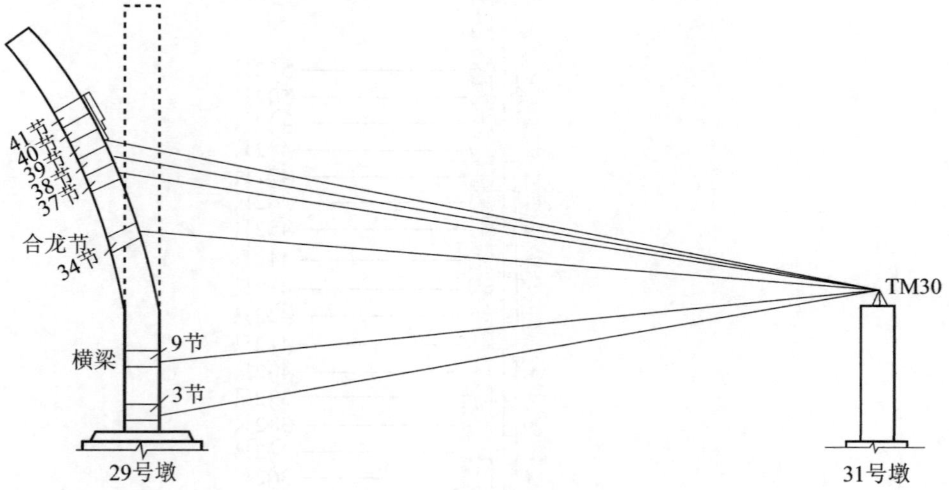

图 4-4　塔偏变形监测示意

测取主塔偏位实际线形时，因爬模覆盖 3 节高度，待浇筑节段以下 12 m 内棱镜无法通视，故观测断面按如下安排进行。

①在墩顶 Z41′～Z46′共 5 个单节段架设内棱镜；架梁吊机安装时主塔处于接近中塔柱合龙至上塔柱第 39 节阶段，落梁、拖拉时主塔所受荷载处于变化的动态之中，但因墩旁托架的存在，这些荷载为相互平衡的内力，故主塔偏位较小，测取主塔偏位用以校核立模坐标。每次主塔偏位线形测量时观测断面为第 3 节、下横梁（第 9 节）、下横梁以上中塔柱 50 m 处、第 33 节（进入上塔柱后）、已浇筑节段顶面，通过采集此 5 个高程断面轴线点坐标数据，得出主塔偏位曲线，按割线法推算待施工节段内各特征点的三维坐标，用以校核理论计算值，保证待施工节段与已施工节段“顺接”。

②启动挂索后，每次主塔偏位线形测量时观测第 3 节、下横梁（第 9 节）、中塔柱中部、第 34 节、已浇筑节段顶面共 5 个高程断面的轴线点坐标数据，得出主塔偏位曲线，按割线法推算待施工节段内各特征点三维坐标，用以校核理论计算值，保证在挂设斜拉索以上的塔柱节段“顺接”。

5.2.3　塔梁同步施工荷载控制

塔梁同步施工过程中，单个周期循环内钢梁拼装、架梁吊机走行、挂索等工序应保持两侧同步、荷载一致。此外，在双悬臂架设至 Z61′-Z62′/Z24′-Z25′后、辅助跨合龙前，因辅助跨侧梁段重量大于主跨侧，根据两侧梁的重量偏差对主跨侧钢梁通过水袋压重（压重位置左右幅对称，重心位于主桁节点位置）进行荷载配平，既控制主塔偏位，也降低主塔根部弯矩。

(1) 塔柱加密测量

在塔柱施工前，与相邻标段进行联测，按照原网精度进行施测，保证标段间衔接精度。在桥塔墩的承台上或下横梁顶面中心设置施工测量加密控制点，加密控制点采用强制归心装置，用 GPS 接收机按照 GPS 二等/C 级以上精度等级要求施测，同时联测两岸 4 个以上控制点。测量加密控制点的平面位置，采用全站仪后方交会法对承台或下横梁中心加密控制点进行复核；高程测量依据跨河水准按照二等水准精度要求进行，并附合至岸上高程控制点。

(2) 塔柱中心联测

承台或下横梁中心加密点测设完成后，使用高精度全站仪与相邻桥塔承台或下横梁中心加密点进行联测，检核相邻桥塔之间的跨距、中线和里程，与设计值比较，根据偏差进行调整，消除控制测量误差，在调整后的塔柱墩中心位置设置桥塔施工测量基准点。

(3) 塔柱“零变形”状态监测

中、上塔柱施工时需要确定塔柱在各种状态和时间段下的变形情况。在下横梁处的上、下游埋设棱镜，当中塔柱施工中高度超过横梁时，在塔柱已竣工段每隔 50 m 埋设一组棱镜，选择天气晴朗，昼夜温差大的时间，进行 36 h 连续观测，观测频率为 2 h/次，同步测量大气温度、塔柱四面温度、日照方向、风向等环境因素，绘制纵横桥向的变形曲线，确定塔柱“零变形”状态时棱镜的坐标值和观测时间。

(4) 工作基准点设置

在桥塔横轴线上，距离塔柱中心点附近的上下游位置标示两点，作为中、上塔柱测量控制工作基准点。工作基准点设置完成后，在确定的塔柱“零变形”状态时间段内进行基准传递测量作业。

(5) 工作基准点传递测量

塔柱施工测量采用全站仪天顶投点法传递工作基准点，并作为后续施工测量的基准。在确定的塔柱“零变形”状态的最佳观测时间内，按照超高塔施工测量基准传递的测设方法在塔柱上设置锚固件定位测量工作基准点。

①平面基准传递测量方法

首先在测量点的上方附近选择稳固的位置，安装、平移调整脚架装置，使下方横梁基准点上全站仪天顶投点的激光光斑位于脚架装置前端透明玻璃板的中心，锁定脚架，把脚架装置固定；然后在塔柱“零变形”状态时，用 TM30 全站仪配以弯管目镜，仪器架设在下横梁已标示的上塔柱测量控制传递基准点，视线竖直向上通过测量预留孔，分别在水平盘 0°、90°、180°、270°位置向上投点，在上塔柱测量平台上设置透明玻璃板，在板上标示投递点，点位互差应小于 3 mm，取四次成果的平均位置为塔柱平面基准传递成果。

②高程基准传递测量方法

高程基准传递采用全站仪天顶测距法，通过在归心盘下口安置圆棱镜，将基准点处的高程引测到透明玻璃板上的工作基准点；高程基准传递测量可与平面基准传递测量同时进行。工作基准点传递测量完成后，架设全站仪与相邻墩墩顶控制点，测量复核塔柱平面投递点坐标成果，其校差应小于 5 mm，同时进行上塔柱施工测量作业。在中、上塔柱施工过程中，可在塔柱施工高度每增加 50 m 时，在塔柱“零变形”状态时间段，采用全站仪天顶测量方法进行一次基准传递测量，测量复核塔柱实际竣工位置偏差，根据测量结果，调整后续塔柱节段施工测量定位。

(6) 塔柱及锚固结构快速精密定位测量

基准点传递测量完成后，在工作基准点的仪器托盘上安置仪器，对准传递至透明玻璃板上的工作基准点，固定、整平仪器，后视控制点或其他基准点采用短距离三维坐标法对锚固件进行定位测量。根据主塔测量的高精度要求，配备目前最高精度的测量仪器，包括 GPS 仪器、全站仪、电子水准仪、检定钢尺等测量设备，主要测量仪器见表 4-1。

表 4-1　主要测量仪器

序号	仪器名称	型号	测量精度	检定情况	数量
1	GPS	R8	$\pm(5\ mm+1\times10^{-6}\ mm)$	合格	5 台
2	全站仪	TM50	$\pm0.5''/\pm(0.6\ mm+1\times10^{-6}\ mm)$	合格	1 台
3	全站仪	TM30	$\pm0.5''/\pm(0.6\ mm+1\times10^{-6}\ mm)$	合格	1 台
4	全站仪	TS11	$\pm1''/\pm(1.5\ mm+2\times10^{-6}\ mm)$	合格	1 台
5	电子水准仪	DINI03	±0.3 mm/km	合格	1 台
6	水准仪	DSZ2	±1 mm/km	合格	1 台
7	激光垂准仪	DZJ200	测量距离：200 m 精度：1/100 000	合格	1 台
8	检定钢尺	—	1 mm	合格	2 把

5.2.4　同步张拉施工技术

塔梁同步张拉施工过程中，斜拉索张拉需寻找“零状态”进行。因此，提升张拉效率成为保证塔梁同步施工实施效果的关键。

斜拉索安装包括施工准备、吊装上桥、桥面展索、塔端挂设、梁端牵引(卷扬机牵引＋钢绞线软牵引，如图 4-5 所示)、塔端张拉、索力检测、索力调整及附属设施安装等工序。总体顺序为：先塔端挂设，后梁端牵引，最终在塔端进行张拉，斜拉索梁端反压安装如图 4-6 所示。斜拉索塔端挂设以 ZSL2700 塔吊为主、ZSL1500 塔吊为辅。

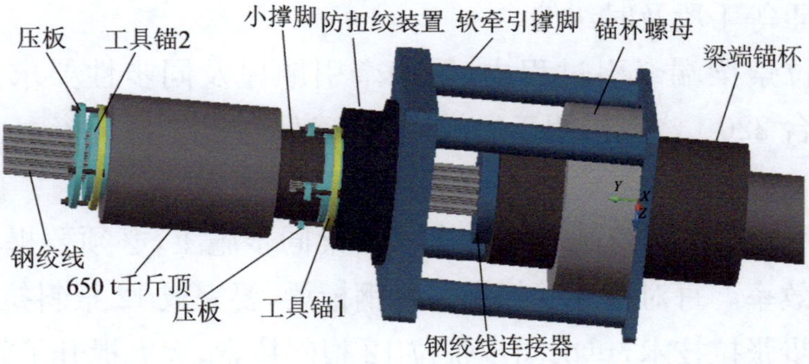

图 4-5　斜拉索梁端牵引示意

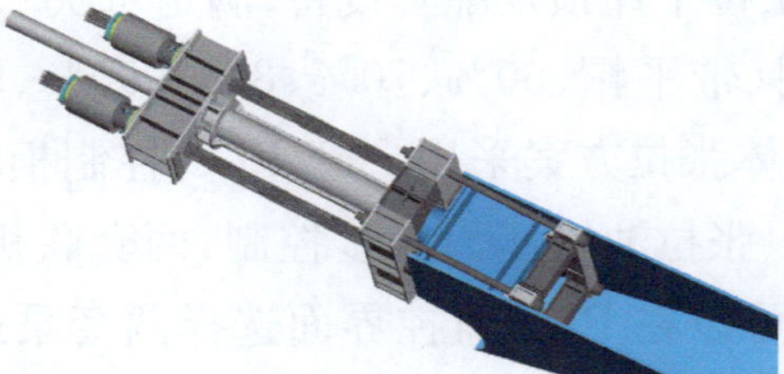

图 4-6　斜拉索梁端反压安装示意

根据索长、索重、梁端锚拉板下操作空间、牵引力大小等因素，将斜拉索安装分为以下三种方式，见表 4-2。

表 4-2　斜拉索安装方式分类

斜拉索分类	吊装上桥方式	放索方式	挂索与展索方式	梁端牵引方式		
				卷扬机牵引	钢绞线软牵引	梁端反压
第 1～9 层索	塔吊软质吊装带三点起吊	65 t 立式放索盘	先挂索后展索	√	—	—
第 10～24 层索	梁面吊架＋软质吊装带三点起吊	65 t 立式放索盘	先挂索后展索	√	√	√
中跨第 25～36 层索	120 t 梁面吊架＋专用吊具起吊	100 t 卧式放索机	先部分展索后同步进行挂索和展索	√	√	√
边跨第 25～36 层索	120 t 梁面吊架＋专用吊具起吊	100 t 卧式放索机	先部分展索后同步进行挂索和展索	√	√	—

斜拉索张拉主要控制措施如下：

(1) 初张拉索力严格根据现场实测塔偏、钢梁线形、钢梁重量偏差、临时荷载布置、斜拉索戴平帽后索力及钢梁高程等进行计算后确定。

(2) 张拉后对塔偏进行测量，对索力进行频谱测量，根据测量结果通过索力微调或压重等手段及时纠偏。

(3) 斜拉索梁端牵引过程中，明确牵引顺序及同步性要求。梁面布置 4 台 80 t、4 台 220 t 汽车吊用于梁端牵索，确保每层 4 根边桁索、2 根中桁索同步牵引。

(4) 采用同步张拉控制系统。塔、索、梁同步施工，必须要提升斜拉索挂设及张拉的效率。每对称悬臂架设一对钢桁梁，要完成 12 根斜拉索张拉。采用斜拉索同步张拉技术，单次同步张拉 12 根斜拉索，大大提升了效率，为塔梁同步施工的实现奠定了基础。

塔内布置 12 台张拉千斤顶及配套设备，满足每次 12 根斜拉索同步张拉，并增加张拉分级控制（带平帽、60%、70%、80%、90%、95%、100%），斜拉索同步控制精度高。整体张拉方案采用一套 PLC 控制柜联机控制两套液压泵站，单套泵站进行 6 只张拉油缸压力同步控制，两套联机可进行 12 只张拉油缸压力同步控制，也可以在 PLC 监控界面选择两套泵站其中几只油缸进行单独控制。泵站采用一拖六配置，共 6 个相同的电机泵组，变频器变频调速控制电机输出流量。斜拉索张拉力最大为 7 776 kN，选用 1 200 t 千斤顶及配套设备进行张拉。

①泵站基本参数：外形尺寸 2 200 mm × 600 mm × 700 mm，质量 1 000 kg，油箱容积 200 L，流量 6×1.89 L/min，装机功率 6×2.2 kW。

②其他要求：油缸张拉速度 7.5 mm/min，空载回程速度 12 mm/min，全行程运行时间≤27 min+18 min；PLC 控制柜设压力监控、拉力监控、变频器输出监控等；压力传感器测量范围 0～70 MPa，精度值 ±0.25% FS (0.175 MPa)，4～20 mA 模拟量输出；泵站分别布置在进行张拉操作的上下两层平台上，所有张拉油缸油管长度相等(9 m)；配套的 PLC 控制柜就近布置在其中一个泵站附近便于观察及走线；泵站和 PLC 控制柜用塔吊或电动葫芦由墩顶吊入张拉平台上。

③主要控制要点如下：

a. PLC 控制器采集压力传感器模拟量输入信号，经比对计算再输出变频器频率信号形成闭环控制回路。对比计算按照每只张拉油缸压力传感器实际测量值与分段控制理论要求值间的差值进行比例换算，得到各泵组变频器输出频率信号差值。整个控制过程中 PLC 不断比对计算调整各泵组变频器输出频率从而达到同步压力控制。

b. 控制不同泵组压力输出的均匀性，变频器变频响应时间控制在 5 s 以内，对应的拉力变化值在 20 kN 范围内。

6　材料与设备

6.1　施工材料

塔梁同步施工工法使用材料主要包括主塔、钢梁、斜拉索施工用临时结构。所有材料由试验人员按规定进行检验，确保其材料质量及力学性能符合相应标准。

6.1.1　主塔施工用临时结构

主塔施工用临时结构主要包括下横梁支架、中塔柱临时横撑等。

下横梁支架采用 4 排 5 列钢管立柱，钢管立柱直径 1.0 m。钢管立柱顶部设置分配梁，柱顶分配梁顶面布置承重梁，承重梁由柱顶分配梁、塔柱第 7 节内侧预埋牛腿支撑，承重梁上铺底模系统。立柱底部支撑于塔座顶，立柱之间设置连接系，连接系采用 ϕ351 mm 和 ϕ152 mm 两种钢管，横向连接系与钢管立柱焊连，纵向连接系与钢管立柱栓接。

中塔柱总共设置 4 道主动撑杆，撑杆由 ϕ1.2 m、壁厚 20 mm 钢管制作，每道 2 根，采用塔柱内预埋爬锥固定。

6.1.2　钢梁施工用临时结构

钢梁施工用临时结构主要包括墩顶钢梁架设用托架，主墩两侧墩旁托架对称布置，高 62 m，由钢管支架、分配梁、滑道梁、滑座、横移反力座、纵移平台及施工平台等构成。ϕ1 000 mm 钢管柱与主塔承台、塔座、下横梁通过预埋件连接固定，并通过连接系连接保持稳定，立柱之间法兰连接。桩顶分配梁、滑道梁均为焊接箱型结构形式，滑道梁顶面布置滑座。

6.1.3　斜拉索施工用临时结构

斜拉索施工用临时结构主要包括斜拉索挂设、张拉所用材料。

6.2　施工设备配置

施工使用的主要机具设备见表 4-3。

表 4-3 主要机具设备

序号	设备类别	设备名称	规格或型号	数量	备 注
1	吊装、运输设备	运梁船	10 000 t	2 艘	整节段钢桁梁运输
2		平板驳船	400 t	4 艘	材料运输
3		运梁台车	180 t	2 艘	索盘、桥面板运输
4		浮 吊	1 800 t	1 台	钢桁梁墩顶段、架梁吊机安装
5		架梁吊机	1 800 t	2 台	钢桁梁悬臂吊装
6		码头桅杆吊机	WD120	1 台	索盘、公路桥面板、钢结构等材料下水
7		梁面吊架	120 t	1 台	索盘、公路桥面板上桥
8		塔 吊	TCR6055	2 台	墩旁托架安装及墩顶布置吊装
9			ZSL1500	1 台	主塔施工、桥面板吊装上桥
10			ZSL2700	1 台	钢锚梁吊装、挂索施工
11	调梁设备	水平连续千斤顶	200 t	4 台	—
12		横向调节千斤顶	100 t	4 台	—
13		竖向千斤顶	200 t	8 台	—
14			500 t	24 台	—
15			2 000 t	4 台	—
16			1 500 t	8 台	—
17	高强度螺栓施拧设备	扭矩扳手	P1D-LP-1500	16 把	高强度螺栓施拧
18		电动检查扳手	—	6 把	高强度螺栓扭矩检查
19	焊接设备	CO_2 焊机	—	12 台	工地焊缝焊接
20		埋弧焊机	ZD5-1250L	4 台	
21		逆变焊机	ZX7-500	10 台	
22		碳弧气刨机	ZX5-630	6 台	
23	无损检测设备	超声波探伤仪	—	2 台	工地焊缝无损检测
24		磁粉探伤仪	—	1 台	
25		射线探伤仪	—	2 台	
26	测量设备	全 站 仪	TM50	2 台	主塔、钢梁线形测量，主塔施工放样
27			TM30	1 台	
28		电子水准仪	DINI03	2 台	
29		水 准 仪	DSZ2	2 台	

续上表

序号	设备类别	设备名称	规格或型号	数量	备　注
30	挂索安装设备	汽车吊机	50 t	4 台	桥面展索配合、牵引
31			220 t	4 台	
32		放 索 盘	65 t/100 t	各 2 盘	—
33		卷 扬 机	7.5 t	3 台	—
34			10 t	8 台	—
35		转向滑车	16 t	18 辆	—
36		滑 车 组	30 t	8 组	—
37			50 t	16 组	—
38	挂索软牵引及反压设备	软牵引千斤顶	250 t	5 台	备用 1 台
39			650 t	3 台	备用 1 台
40		反压千斤顶	250 t	9 台	备用 1 台
41		软牵引撑脚	350 t	2 套	—
42	挂索张拉及硬牵引设备	同步张拉系统	—	1 套	—
43		千 斤 顶	1 200 t	12 台	备用 1 台
44		撑　　脚	750 t	12 台	—
45			1 200 t	12 台	—

7 质量控制

7.1 质量控制标准

根据施工规范和设计要求，钢桁梁架设允许偏差和检验方法见表 4-4。

表 4-4　钢桁梁架设允许偏差和检验方法

序号	项　目		允许偏差	检查方法
1	墩、台处横梁中线与设计线路中线偏移		10 mm	测量检查
2	两孔(联)间相邻横梁中线相对偏差		2 mm	
3	墩台处横梁顶与设计高程偏差		±10 mm	
4	两孔(联)相邻横梁相对高差		5 mm	
5	每孔梁对角线支点的相对高差		5 mm	
6	固定支座处钢梁节点中心连线与设计里程纵向偏差	连续梁、梁跨≥60m 简支梁	±20 mm	

续上表

序号	项目		允许偏差	检查方法
7	钢桁梁平面	弦杆节点对梁跨端节点中心连线的偏移	跨度的1/5 000	测量检查
8		弦杆节点对相邻两个奇数或偶数节点中心连线的偏移	5 mm	
9	竖杆在钢梁的横断面内垂直偏移		竖杆理论长度的1/700	
10	钢桁梁立面拱度偏差	设计拱度＞120 mm	按技术文件中规定	
11	两主桁相对节点位置	支点处相对高差	梁宽的1/1 000	
12		梁跨中心节点处相对高差	梁宽的1/500	
13		跨中其他节点处相对高差	根据支点及跨中节点高差按比例增减	

根据施工规范和设计要求，塔柱的允许偏差见表4-5。

表4-5　塔柱的允许偏差和检验方法

序号	项目	允许偏差	检验方法
1	顶、底平面尺寸	$^{+10}_{-5}$ mm	尺量检查
2	顶、底面高程	±20 mm	测量检查
3	塔身中心位置	5 mm	
4	横梁顶面高程	±10 mm	
5	横梁轴线	10 mm	
6	倾斜度	塔高的1/3 000且不大于30	

7.2　质量控制措施

塔梁同步施工过程中，主塔、钢梁、斜拉索施工相互影响，特别是主塔位置、塔偏、斜拉索索力、钢梁线形等相互之间存在影响与制约。本工法除遵循主塔、斜拉索、钢桁梁架设相关规范、工艺要求外，还在主塔测量放样、钢梁线形控制及斜拉索索力控制等方面采取如下措施。

7.2.1　钢桁梁拼装时，为保证拼装拱度，吊机的松钩时机、高强度螺栓的栓合进度、挂索张拉控制均应严格按照工艺文件办理，不得超前松钩，不得提前挂索。

7.2.2　钢桁梁安装的测量工作及时准确，严格按照规定的工况进行测量，不得省略工序，不得跨工序测量。由于钢梁大悬臂架设对温度变化非常敏感,生产组织应做好节奏调整,保证测量时间为凌晨低温时间段。主跨大悬臂架设时,由于拉索风振的影响,钢梁会微微振动,测量时读数困难。测量需摸索规律,掌握能够准确读数的方法。

7.2.3 钢梁主跨跨径大,纵横向线形控制受日照、风载、初张索力精度以及钢桁梁自身拼装精度等诸多因素影响,线形控制难度较大。在每个节段钢梁安装完成后,应测量钢梁的中轴线偏差,各节点挠度,为挂索提供依据。

7.2.4 主跨悬臂期间,施工设备、物资应均衡地堆放在三片主桁附近,并保证横向对称。所有临时材料的重量、堆放位置均应明确并提供给监控单位,以便监控计算。斜拉索张拉过程中,索塔顺桥向两侧的拉索和对称边索应对称同步张拉,同步张拉的不同步索力差值不超出设计规定值。

7.2.5 在塔梁同步施工时,主塔内劲性骨架、钢锚梁及索导管、模板、钢梁拼装对接、斜拉索张拉后塔梁线形复测均需处于无荷载变化的可测量的“静态”,保证测量数据准确。

7.2.6 塔梁同步施工过程中,需对主塔线形、主塔钢锚梁及模板放样、钢梁线形等工序进行控制,调整后测量复核,工序多且相互影响,为提高测量精度并将相互影响降到最小,需严格控制测量时的现场工况,具体如下:

(1) 现场大型设备姿态及站位保持不变。

(2) 暂停对主塔钢梁线形影响大的工序。

(3) 选取温度恒定、风力小的时间段测量。

(4) 优化测量方法,加密控制网,提高测量效率与精度。

7.2.7 严格控制临时荷载对称布置,施工过程中,钢梁拼装、架梁吊机走行、挂索等工序应保持两侧同步、荷载一致。针对中跨侧与边跨侧钢梁自身重量偏差,对主跨压重进行荷载配平,及时清理桥面板不必要荷载,加快倒运过程,避免桥面板杂物凌乱,导致荷载统计误差。

8 安全措施

主塔施工至上塔柱一定高度后开始挂设斜拉索及架梁吊机走行等,存在主塔爬模、钢梁架设、斜拉索挂设等多层交叉作业,大量高空作业、吊装作业、动火作业、水上作业同时展开,施工安全风险高。本工法遵循规定要求,并在安全技术、安全管理及现场应急处理等方面采取如下措施。

8.1 塔端挂索施工处于上塔柱爬模下挂平台以下,内外爬模平台板、安全网、防护栏杆在挂索前进行全面检查、完善,确保无围护漏洞。爬模操作平台以下各层平台与塔柱之间间隙利用可翻转压板封闭,除爬升状态外不得翻转。

8.2 爬模上配置安全员或群安员进行全程管理,禁止从爬模向外抛物。爬模各层平台配置工具箱,规范管理拉杆、垫片、螺栓、扳手等小型材料和工具;配置垃圾箱用于各层平台垃圾收集;禁止将凿毛产生的混凝土碎块扫出,应在塔壁内完成归集和调离。通过上述措施避免坠物影响下方作业安全。

8.3 利用挂索钢锚梁与爬模下挂平台之间的钢锚梁摆放塔内防护平台板,用于塔端挂索人员的防护。

8.4 第三层撑杆上的塔梁同步防护平台随撑杆同步安装,平台板全封闭,通过对上层塔柱施工坠物的阻断,实现对下层桥面、承台面作业的防护。塔梁同步防护平台安装后需进行检查验收。

8.5 下横梁顶、墩顶钢梁公路桥面配置安全通道,对梁面施工通行形成防护。梁面作业配置安全员或群安员进行全程安全管理。

8.6 承台面按标准化施工规划要求设置安全通道、专用通行通道。

8.7 进入塔梁同步施工后,现场设置专职吊装指挥,统一主塔上塔柱、斜拉索、钢梁施工的吊装指挥,避免各作业面支架相互冲突、干扰。

9 环保措施

为使环境得到保护,严格执行国家环保政策、法律和法规,本工法采取以下环境保护措施。

9.1 装有高强度螺栓连接副的箱子应及时进行回收;桥面板上焊渣及其他杂物、垃圾应集中收集并运至指定地点,不得乱扔。

9.2 钢桁梁在涂装过程中,多余的油漆不得随意抛弃,经过处理符合环境保护的要求后,才能弃置。

9.3 确保油顶等机械设备的完好性,定期对油顶等机械设备进行检查保养,避免机械设备漏油污染桥墩、钢桁梁或江水。

9.4 施工产生的污水或废水集中处理,排放到污水排放系统。

9.5 施工产生的废弃物及时集中处理、运至指定地点弃置。

10 效益分析

10.1 经济效益

塔梁同步施工工法与塔梁异步施工工法比,主塔及钢梁单项施工周期相同，主塔、斜拉索、钢梁架设分项的劳务费、材料费、机械费相同，但塔梁同步施工相对于塔梁异步施工总工期大大缩短，管理费用降低。塔梁索同步施工斜拉索塔端挂设设备由既有钢锚梁吊装，用大塔吊代替塔顶吊架，延长了大塔吊租赁周期，减少了塔顶吊架相关投入。据此原则将 29 号墩主塔塔梁同步施工工法的周期及设备投入时间与塔梁异步施工工法进行比较，对比结果见表 4-6。

表 4-6　两种工法施工周期及设备投入时间对比

名称	部位	塔梁异步			塔梁同步			时间差(d)
		开始时间	结束时间	历时(d)	开始时间	结束时间	历时(d)	
施工内容	主塔	2017/12/23	2019/6/27	552	2017/12/23	2019/6/27	552	0
	钢梁悬臂架设	2019/6/28	2020/3/12	259	2019/1/12	2019/9/27	259	0
	塔梁索	2017/12/23	2020/3/12	811	2017/12/23	2019/9/27	644	−167
设备投入	ZSL2700 塔吊	2019/1/24	2019/6/27	155	2019/1/24	2019/9/27	247	92
	塔顶吊架	2019/6/28	2019/9/27	92	—	—	0	−92

根据表 4-6 统计，塔梁同步施工工法相对塔梁异步施工工法节约总工期 167 d，增加 ZSL2700 塔吊租赁周期 92 d，减少了塔顶吊架投入 92 d。根据项目相关费用统计，管理费用 340 万元/月，ZSL2700 塔吊租赁费用 32 万元/月，塔顶吊架 20 万元。

通过经济对比测算塔梁同步施工工法较塔梁异步施工工法存在工期短、总费用少、施工紧凑、施工质量高等优点，费用节省约 1 714 万元。

10.2　社会效益

沪苏通长江公铁大桥是沪通铁路的控制性工程，大桥采用主跨 1 092 m 的钢桁梁斜拉桥结构，塔梁同步施工工法的成功应用确保了大桥按时通车，该工法在保证安全、质量的前提下，大幅缩短施工工期，取得良好的社会效益。

11　应 用 实 例

沪苏通长江公铁大桥主航道桥 29 号墩侧上部结构施工过程中成功应用塔梁同步施工工法，主塔自 2017 年 12 月 23 日开始施工至 2019 年 6 月 27 日封顶完成，历时 552 d，平均施工速度达到了 0.58 m/d。钢梁悬臂架设自

2019年1月12日开始施工至2019年9月27日全桥合龙，历时259 d，实现了主塔封顶后3个月全桥钢梁合龙。沪苏通长江公铁大桥于2020年7月1日开通运营，钢梁线形、主塔偏位、斜拉索索力等均满足相关规范及设计文件要求，本工法的成功应用大幅提高了施工效率，具有广泛的推广运用前景。

参编单位：中铁大桥局集团有限公司。

参编人员：李军堂、韩晓强、闫志刚、杨彦海、王芳、查道宏、罗兵。

五、大截面超高混凝土塔柱施工工法

1 前 言

近年来，随着我国经济建设的发展，铁路桥梁呈现大跨度、重载、高速等特点。随着跨度的不断增大，斜拉桥、悬索桥的主塔也越来越高，截面尺寸越来越大。与常规主塔施工相比，超高主塔塔柱施工具有浇筑、养护、泵送困难等特点，混凝土施工缺乏成熟的可借鉴经验，亟待研究。

沪苏通长江公铁大桥主航道桥采用双塔五跨连续钢桁梁斜拉桥结构，孔跨布置为(140＋462＋1 092＋462＋140)m，为世界上跨度最大的公铁两用斜拉桥。主塔采用钢筋混凝土结构，塔身采用C60高性能混凝土(简称C60混凝土)，塔座采用C50高性能混凝土(简称C50混凝土)。塔柱桥面以上为倒Y形，桥面以下塔柱内收为钻石形结构，如图5-1所示。

由图5-1可知上塔柱采用八边形截面，中塔柱由上塔柱八边形渐变至六边形截面，下塔柱为单箱双室的六边形截面，塔座为四棱台体。塔顶高程为＋333.0 m，塔底(承台顶)高程为＋8.0 m，承台以上塔高325 m(不含电梯房)，分54节进行施工，其中塔座高5 m，下塔柱高41 m，下横梁高14 m，中塔柱高145 m，上塔柱高120 m。单个桥塔混凝土达到7.2万 m^3(含塔座)。

对于大截面超高塔混凝土施工而言，混凝土的工作性能、抗裂性能以及相配套的施工工艺和设备要求高。沪苏通长江公铁大桥超高主塔施工过程中开展超高桥塔混凝土施工工艺的研究，形成超高塔混凝土的施工与质量控制成套技术，在此基础上总结后形成本工法。

2 工法特点

2.1 塔柱采用液压爬模法分节施工，标准节为6 m。

2.2 主塔混凝土输送采用一次泵送技术。

2.3 塔柱施工过程中采用防裂钢板网、循环冷却水管、自动喷淋养护、夏季原材料降温、冬季保温养护等措施，并辅以自动温控措施，控制塔柱裂纹的产生。

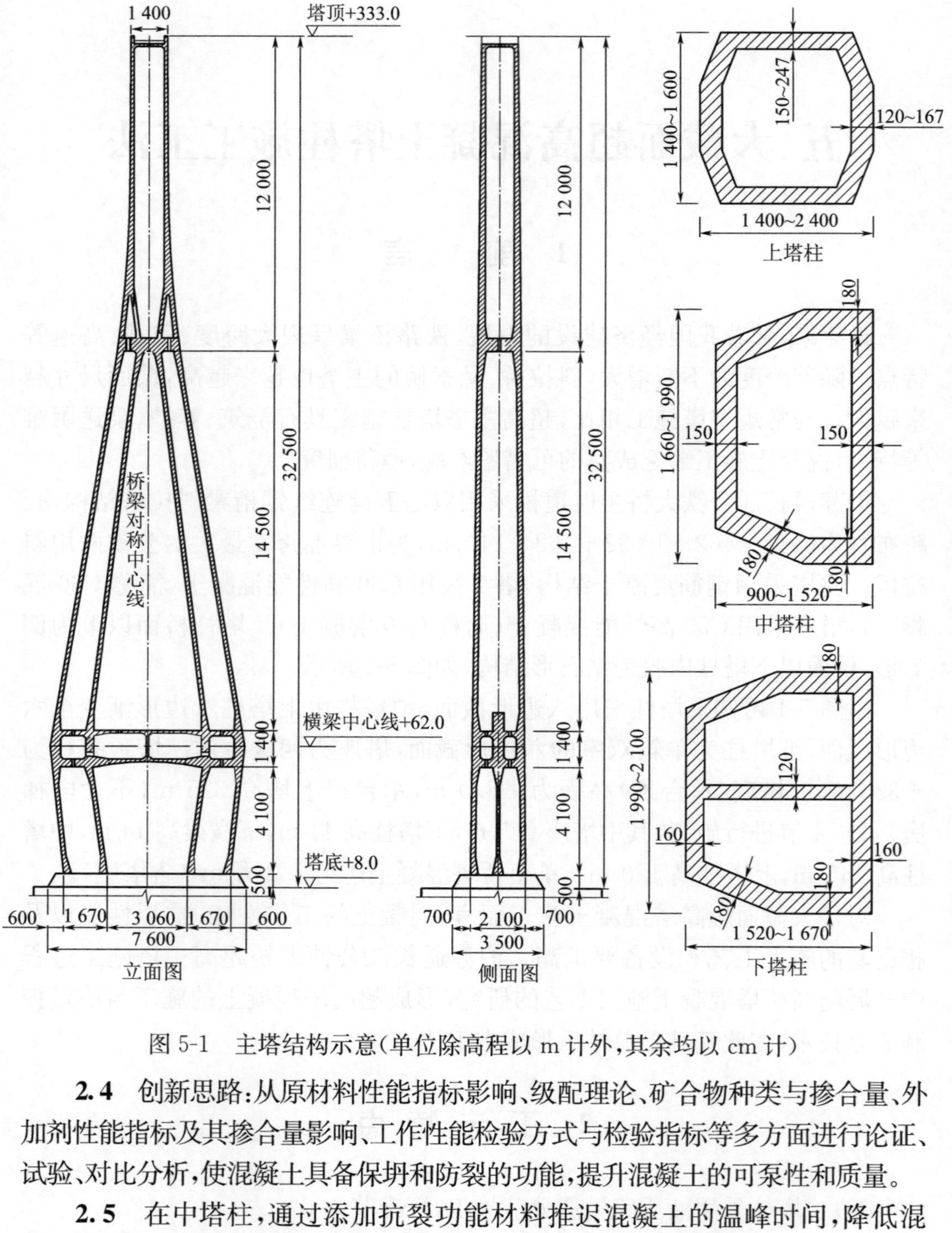

图 5-1　主塔结构示意(单位除高程以 m 计外,其余均以 cm 计)

2.4　创新思路:从原材料性能指标影响、级配理论、矿合物种类与掺合量、外加剂性能指标及其掺合量影响、工作性能检验方式与检验指标等多方面进行论证、试验、对比分析,使混凝土具备保坍和防裂的功能,提升混凝土的可泵性和质量。

2.5　在中塔柱,通过添加抗裂功能材料推迟混凝土的温峰时间,降低混凝土的温峰,并具备补偿收缩功能,以减少混凝土开裂的风险。

2.6　通过在上塔柱部位添加黏度改性材料,降低混凝土黏度和绝热温升,减少泵送阻力。

3 适用范围

本工法适用于大跨度斜拉桥、悬索桥等塔柱混凝土施工。

4 工艺原理

4.1 通过混凝土配合比优化设计，在满足索塔混凝土工作、力学性能的前提下，尽可能降低其胶凝材料用量及水泥用量等，使混凝土满足高流态、低收缩、抗裂等要求，提高混凝土的可泵性，减少塔柱混凝土的开裂风险。

4.2 塔柱采用爬模法分节施工，标准节段 6 m。主塔混凝土输送采用一次泵送技术，一次性将混凝土输送至超 300 m 高度。

4.3 施工过程中，通过在塔柱表面增加防裂钢板网，在塔柱内安装降温冷却水管、自动喷淋养护以及温度监控等措施，减小塔柱开裂风险。

5 施工工艺流程及操作要点

5.1 超高塔 C60 混凝土制备技术

5.1.1 混凝土性能要求

(1) 工作性能

混凝土初始坍落扩展度为 550～655 mm，出机后 2 h 的坍落扩展度≥500 mm；塔柱混凝土初凝时间不小于 12 h，横梁大体积混凝土分两次施工，初凝时间不小于 30 h；混凝土含气量宜控制在 2%～4%；10 s 压力泌水率应＜40%。

(2) 力学性能

应满足 C60 混凝土力学性能指标，60 d 抗压强度达到 60.0 MPa 以上，且 28 d 弹性模量达到设计值。

(3) 长期性能及耐久性能

混凝土 56 d 龄期的氯离子扩散系数≤4.0×10^{-12} m^2/s；早期抗裂性能良好。

5.1.2 混凝土配合比设计

主塔塔高 325 m，采用 C60 钢筋混凝土结构，泵送高度大，高空风速大，混凝土表面水分流失快，需要解决混凝土泵送以及主塔表面防裂抗裂等难题，混凝土需要同时满足高流态、低收缩、抗裂等性能控制指标。

要实现混凝土的高流态，通用技术路线是提高混凝土中胶凝材料用量、用水量、含气量以及砂率。然而，在低水胶比下，随着胶凝材料用量的增加，必然导致混凝土自收缩和收缩拉应力的增大，且水泥水化放热量增大，构件内外温差大，温度应力也将随之增加，这将加剧索塔大体积混凝土的开裂风险，进而影响其耐久性能。因此需要通过混凝土配合比优化设计，在满足索塔混凝土工作、力学性能的前提下，尽可能降低其胶凝材料用量及水泥用量等，从而减小混凝土收缩变形开裂风险。

根据降低胶凝材料用量配制高强度泵送混凝土的思路，提升混凝土的稳定性，解决混凝土泵送过程中和易性不良的问题。从原材料性能指标影响、级配理论、矿合物种类与掺合量、外加剂性能指标及其掺合量影响、工作性能检验方式与检验指标等多方面进行论证、试验、对比分析(研究技术路线如图 5-2 所示)，研制出 C60 混凝土科学合理的设计配合比。确定了泵送设备和管道系统的合理方案，加强大体积混凝土的养护，解决了高等级混凝土制备、高空泵送及混凝土早期开裂等难题。

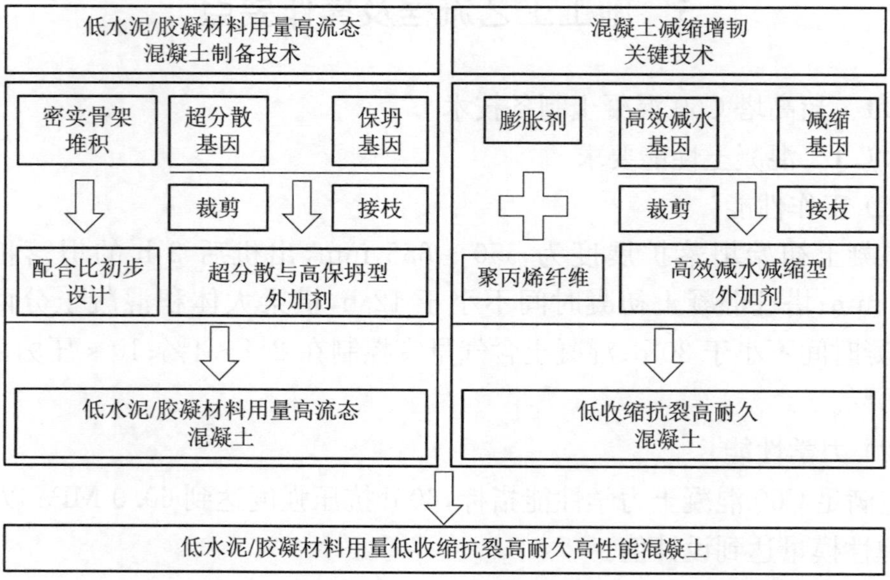

图 5-2　配合比研究技术路线示意

主塔施工至中塔柱时，为提高塔柱抗裂性，对配合比进行了第二次调整。从调控混凝土水化放热历程及分阶段全过程补偿收缩的角度进行了优化设计，掺入了占胶凝材料总量 8% 的混凝土抗裂剂，并通过试验研究了力学特征、热学特征、体积稳定性、耐久性及工作性能，使混凝土具备低温升、高抗裂等性能。

主塔施工至上塔柱时，由于泵送高度越来越高，对主塔塔柱配合比进行第三次调整，一方面利用了黏度改性材料的高胶凝活性，降低塔柱混凝土单方胶凝材料用量，在保证混凝土各项力学性能指标的前提下，显著降低了塔柱混凝土的绝热温升，对塔柱结构防开裂具有重要意义；另一方面还利用黏度改性材料中无机超细粉料的滚珠效应，显著降低了混凝土塑性黏度，在保持压力不变的情况，使混凝土可以泵送至更高的位置。

5.1.3 混凝土配合比

(1) 常规混凝土配合比

下塔柱、中塔柱施工高度低于 200 m，施工时 C60 混凝土分为冬季、夏季两种配合比，见表 5-1 和表 5-2。

表 5-1 冬季施工 C60 混凝土配合比(kg/m^3)

名称	水泥	粉煤灰	矿粉	细集料	粗集料	水	外加剂
要求	P·Ⅱ52.5	C50 及以上	S95	Ⅱ区中砂	5～25 mm 连续级配碎石(两级配)	—	ART-JR 聚羧酸高性能减水剂(缓凝型)
配合比	332	107	49	746	989	151	6.34

表 5-2 夏季施工 C60 混凝土配合比(kg/m^3)

名称	水泥	粉煤灰	矿粉	细集料	粗集料	水	外加剂
要求	P·Ⅱ52.5	C50 及以上	S95	Ⅱ区中砂	5～25 mm 连续级配碎石(两级配)	—	ART-JR 聚羧酸高性能减水剂(缓凝型)
配合比	294	147	49	745	987	152	6.37

(2) 中塔柱混凝土配合比

通过添加抗裂材料，使混凝土具备低温升、高抗裂等性能，其配合比见表 5-3。

表 5-3 中塔柱混凝土配合比(kg/m^3，添加抗裂材料)

名称	水泥	粉煤灰	矿粉	抗裂材料	细集料	粗集料	水	外加剂
要求	P·Ⅱ52.5	C50 及以上	S95	—	Ⅱ区中砂	5～25 mm 连续级配碎石(两级配)	—	ART-JR 聚羧酸高性能减水剂(缓凝型)
配合比	270	112	68	40	745	987	152	6.37

(3) 上塔柱混凝土配合比

上塔柱施工高度高于 200 m,部分节段超过 300 m,通过添加黏度改性材料,降低混凝土黏度,提高可泵性,保证混凝土施工质量,其配合比见表 5-4。

表 5-4　上塔柱混凝土配合比(kg/m³,添加黏改材料)

名称	水泥	粉煤灰	黏度改性材料	细集料	粗集料	水	外加剂
要求	P·Ⅱ52.5	C50 及以上		Ⅱ区中砂	5～25 mm 连续级配碎石(两级配)		ART-JR 聚羧酸高性能减水剂(缓凝型)
配合比	299	115	46	793	1009	143	5.52

5.2　超高塔塔柱混凝土施工技术

5.2.1　施工工艺流程

本工法的施工工艺流程如图 5-3 所示。

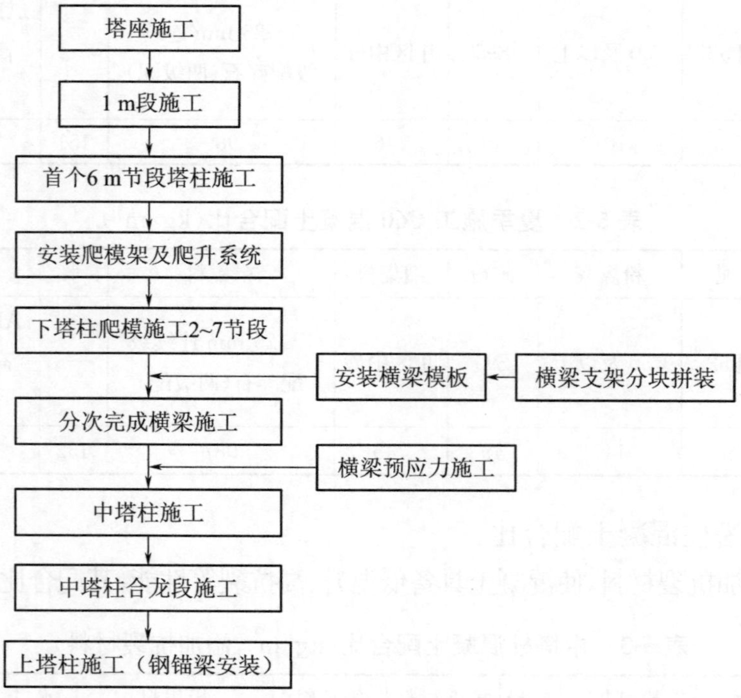

图 5-3　施工工艺流程

5.2.2　操作要点

(1) 主塔分节

主塔分为 54 个节段施工,标准节段施工高度为 6 m,其中下塔柱分为 7 个节段施工,下横梁分为 2 个节段施工,中塔柱分为 24 个节段施工,上塔柱分为 21 个节段施工，如图 5-4 所示。

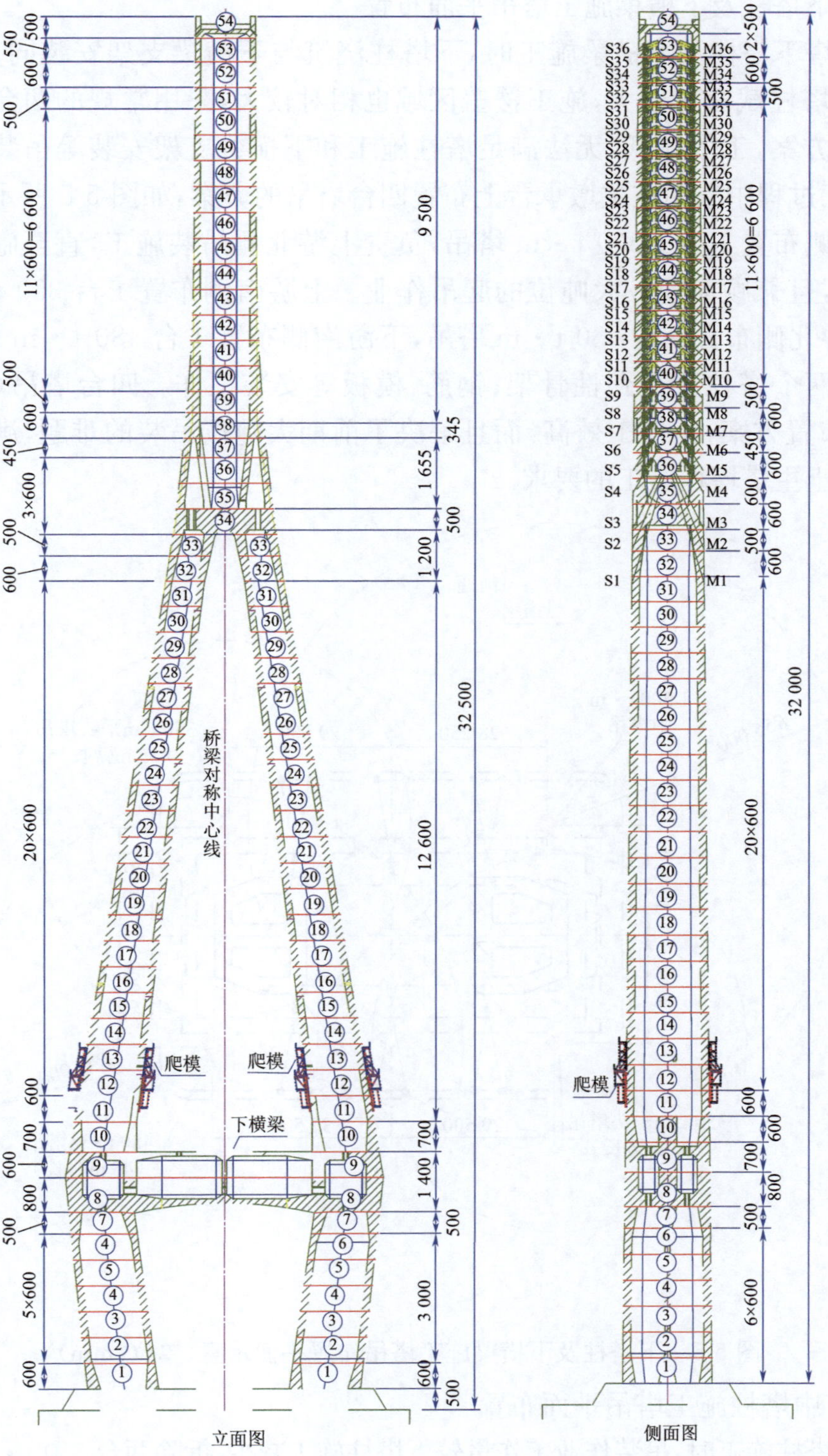

图 5-4　主塔施工分节示意（单位：cm）

(2) 塔吊布置

①下塔柱及下横梁施工塔吊平面布置

主塔下塔柱及下横梁施工时,下塔柱浇筑与下横梁支架安装同步开始。由于下塔柱截面积较大,施工覆盖区域也相对较大,采用常规的两台塔吊对称布置方案,工效较低,无法满足塔柱施工和下横梁支架安装等吊装作业要求,施工过程中采用在主墩承台上布置四台塔吊的方案,如图 5-5 所示。其中上游北侧布置 1 台 1 500 t·m 塔吊,负责上游北侧吊装施工,直至施工到主塔封顶,且兼顾前期较大吨位的起吊作业。上游南侧布置 1 台 350 t·m 塔吊,下游北侧布置一台 350 t·m 塔吊,下游南侧布置 1 台 480 t·m 塔吊,分别配合两个塔柱进行劲性骨架、钢筋、模板等安装工作。四台塔吊(一大三小)的布置方案,不仅工效高,而且解决了前期大吨位吊装的难题,满足大截面混凝土主塔塔柱施工的要求。

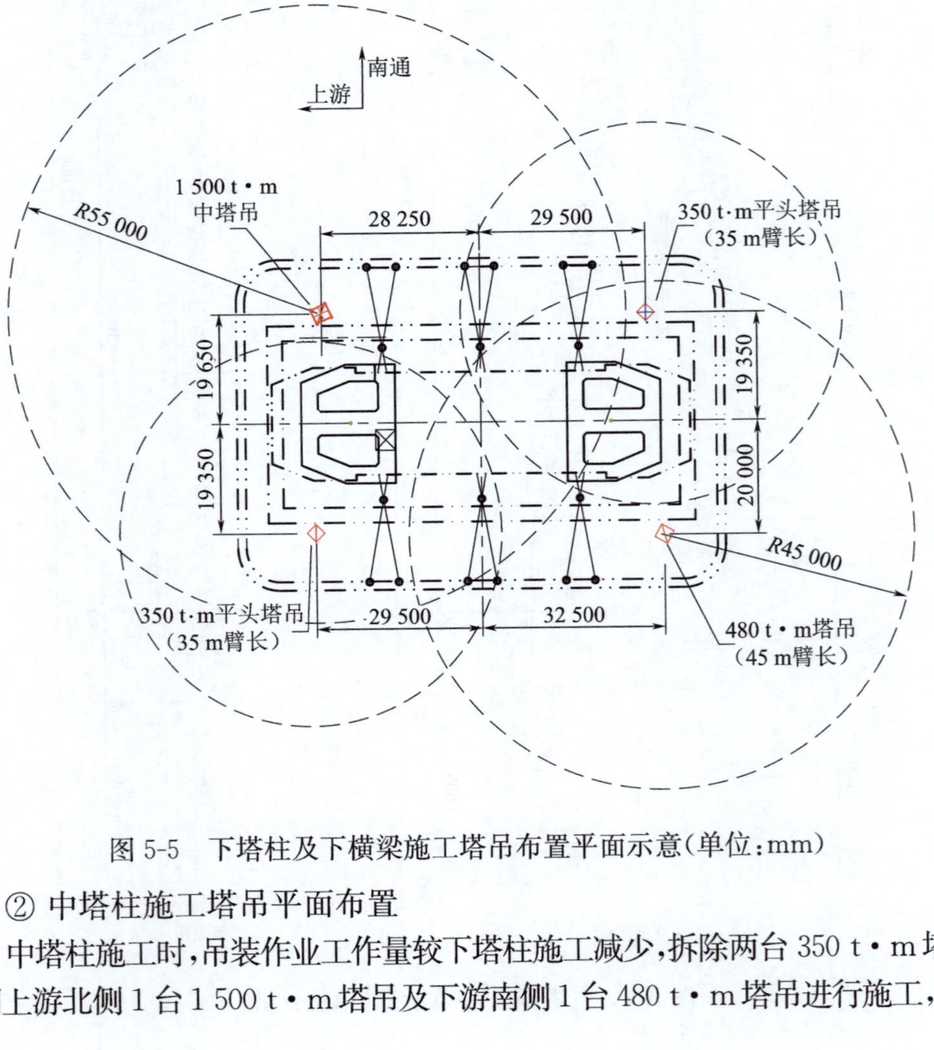

图 5-5　下塔柱及下横梁施工塔吊布置平面示意(单位:mm)

② 中塔柱施工塔吊平面布置

中塔柱施工时,吊装作业工作量较下塔柱施工减少,拆除两台 350 t·m 塔吊,利用上游北侧 1 台 1 500 t·m 塔吊及下游南侧 1 台 480 t·m 塔吊进行施工,塔吊主要用于吊装中塔柱劲性骨架、钢筋、合龙段支架及模板，如图 5-6 所示。

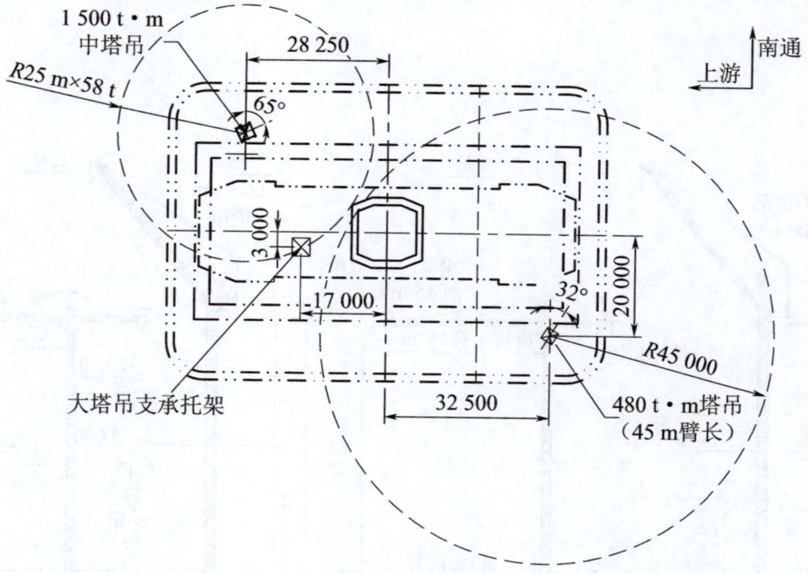

图 5-6　中塔柱施工塔吊平面布置(单位:mm)

③上塔柱施工塔吊平面布置

上塔柱施工采用 3 台塔吊，除保留中塔柱施工的 2 台塔吊外，在中塔柱设置的支撑托架上安装 1 台 2 700 t · m 大塔吊。上塔柱锚固区钢锚梁质量达到 83 t，1 500 t · m 塔吊无法满足整体安装的要求，2 700 t · m 大塔吊主要负责上塔柱钢锚梁及钢牛腿整体吊装，如图 5-7 所示。

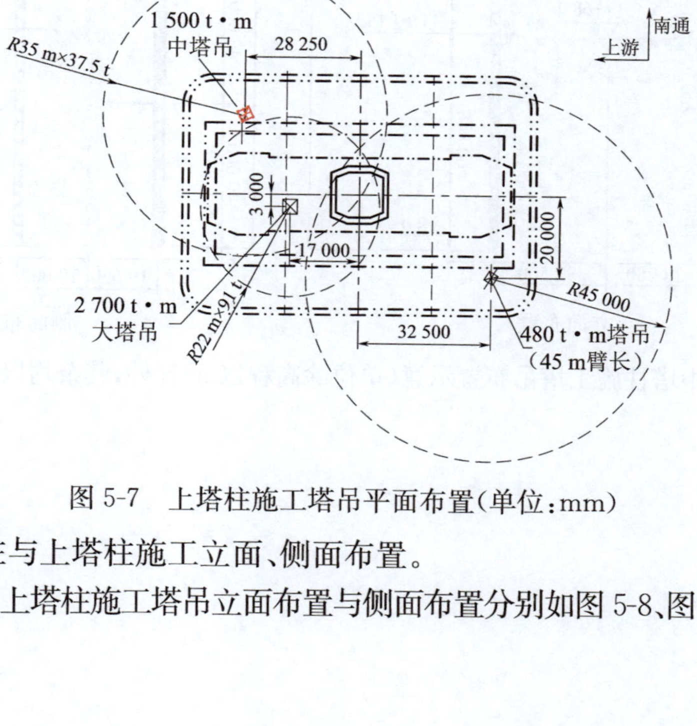

图 5-7　上塔柱施工塔吊平面布置(单位:mm)

④中塔柱与上塔柱施工立面、侧面布置。

中塔柱与上塔柱施工塔吊立面布置与侧面布置分别如图 5-8、图 5-9 所示。

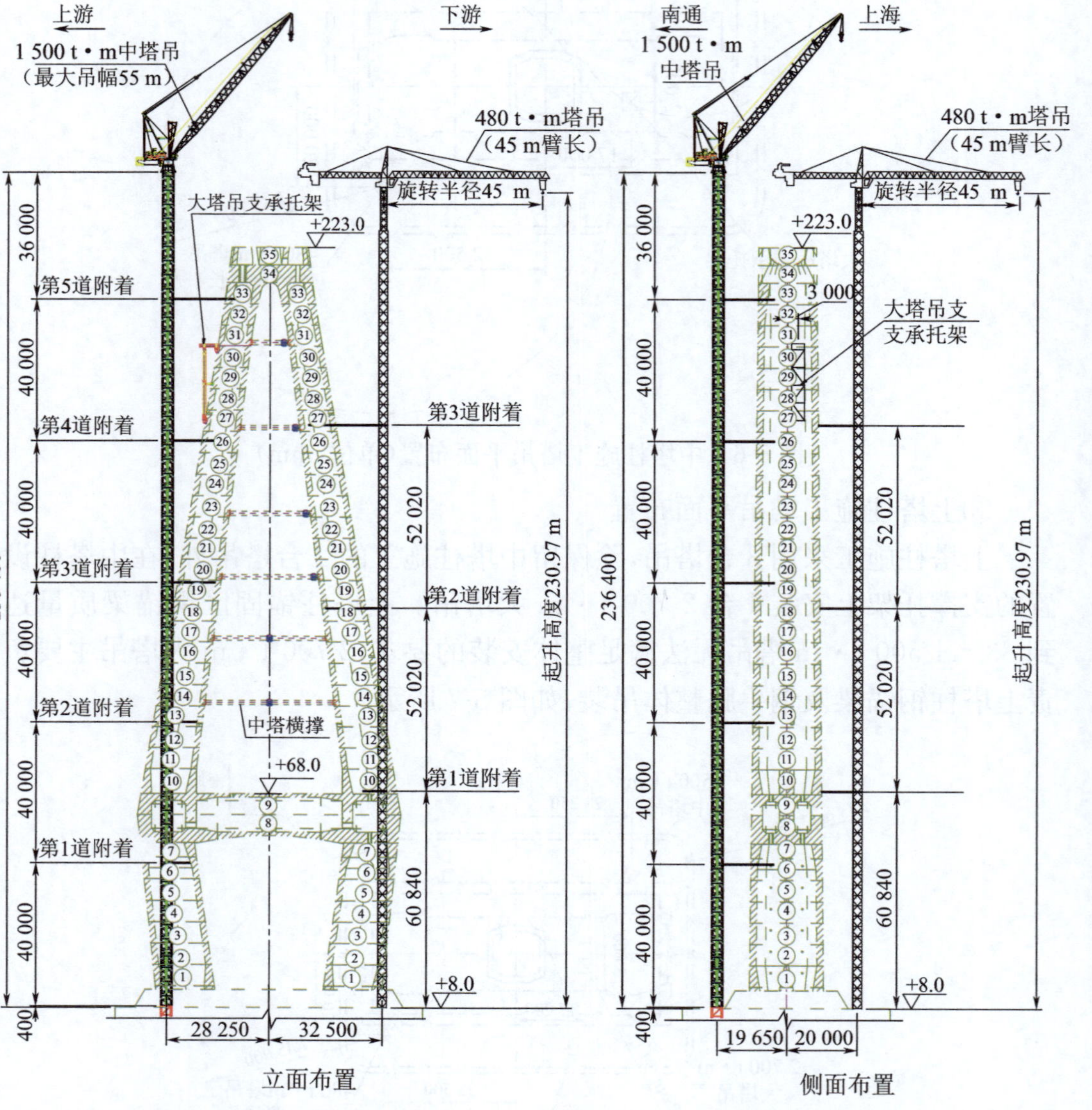

图 5-8　中塔柱施工塔吊布置示意（单位除高程以 m 计外，其余均以 mm 计。）

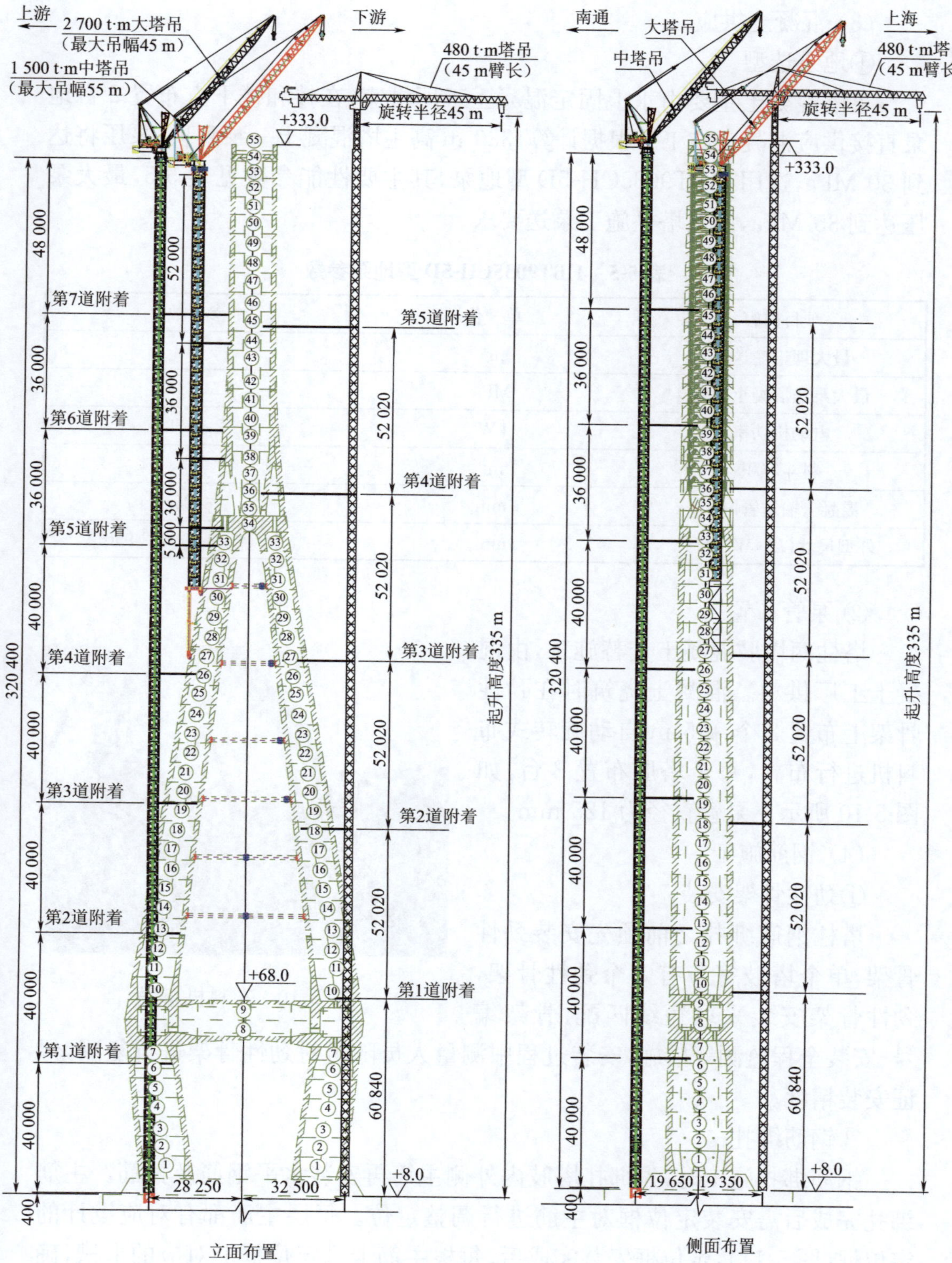

图 5-9　上塔柱施工塔吊布置示意(单位:mm)

(3) 混凝土供应

①地泵选型

主塔混凝土主要由水上固定混凝土工厂供应，在拌和楼下方布置2台地泵直接供应混凝土施工。根据计算，330 m高主塔混凝土一泵到顶，泵压将达到30 MPa，选用HBT9035CH-5D型地泵，其主要性能参数见表5-5，最大泵压达到35 MPa，满足塔柱施工泵送要求。

表5-5 HBT9035CH-5D型地泵参数

项目内容	单 位	参 数
最大理论输送量	m^3	78
最大泵送混凝土压力	MPa	35
电动机功率	kW	2×273
料斗容积	m^3	0.7
混凝土输送管内径	mm	ϕ125
外型尺寸($L×W×H$)	mm	7 914×2 490×2 950

② 泵管布置

塔柱两塔肢混凝土交替施工，由混凝土工厂供料。混凝土浇筑时在劲性骨架上布置2个ϕ15 m自动旋转式布料机进行布料，每个塔肢布置2台，如图5-10所示。泵管直径为125 mm。

图5-10 布料机布置

(4) 钢筋施工

①劲性骨架安装

塔柱钢筋绑扎之前须先安装劲性骨架，单个塔肢每节有8个劲性骨架，劲性骨架安装采取短线匹配、骨架编号、安装全程监测等措施，安装过程中测量人员随时对劲性骨架进行复测，保证安装精度。

②钢筋绑扎

钢筋绑扎施工时，先绑扎塔肢内外侧主筋再安装水平钢筋及箍筋。主筋绑扎完成后需安装定位框对主筋进行调整定位。每层主筋都有对应设计的定位框(图5-11)，定位框安装完成后，每根主筋卡进定位框上对应的卡槽，确保每根主筋的间距符合设计值，主筋落入卡槽后用扎丝将主筋和定位框固定。

图 5-11 主筋绑扎(钢筋定位框)

(5) 模板施工

①起始节段模板施工

起始节段塔柱外模板采用液压自爬模的模板,部分内模采用“竹胶板+方木”制作,如图 5-12 所示。安装过程中模板底部限位采用 ϕ14 mm 小型钢,底部空隙使用胶皮、泡沫胶封堵,防止混凝土浇筑过程漏浆。

图 5-12 起始节段模板安装

②液压爬模施工

标准节段采用液压爬模施工。待外侧钢筋绑扎完成报检查通过后,进入爬模爬升工序。外模爬升后利用爬模退模装置将模板移动进行合模,模板到位后，安装模板连接件，将外模形成整体，同时安装拉杆与内模进行固定。模板安装完成后，安排测量组对模板线形进行复测，如与设计值有偏差及时安排作业人员调整。

(6) 混凝土施工

①混凝土生产

混凝土由水上 2×180 m^3/h 混凝土工厂生产供应。混凝土开盘前确定浇筑混凝土的方量，确保混凝土原材料如水泥、砂子、碎石、粉煤灰、矿粉、水、外加剂数量满足连续生产的需要。混凝土生产注意事项如下：

a. 开盘前要检查砂、石的质量情况，核实使用原材料与配合比通知单是否相符，数量是否足够并有 20%的富余量。

b. 开盘前试验人员测定砂、石含水率，每工班测定一次，雨天增加检测次数。根据实测含水率将混凝土理论配合比换算成施工配合比。

c. 混凝土配料必须按试验室通知单进行，并应有试验人员值班，配料应采用自动计量系统计量。

d. 开盘前，应检查拌和机、混凝土输送泵及管道、浇筑等各工序设备的运转情况。

e. 开盘前要校核搅拌站计量设备及其他计量器具，并由试验人员复核原材料每盘称量的允许偏差，见表 5-6。

表 5-6 原材料每盘称量允许偏差

序号	原材料名称	允许偏差(%)
1	水泥、矿物掺合料	±1
2	粗、细骨料	±2
3	外加剂、拌和用水	±1

f. 每盘混凝土在混凝土工厂搅拌机的搅拌时间不小于 2 min。

②混凝土入模温度控制

夏季高温季节控制混凝土入模温度不高于 30 ℃。通过砂石等原材料降温、拌和水加冰、泵管包裹淋水降温、粉料运输船和储料罐淋水降温、钢筋骨架喷雾降温等多种措施，降低混凝土入模温度。

冬季混凝土搅拌时间应较常温时延长 50%，以保证混凝土的出机温度不低于 10 ℃，入模温度不低于 5 ℃。

③振捣

混凝土浇筑前，振捣平台上布置 B70 振捣棒 20 台(5 台备用)，每台振捣棒配 2 名作业人员轮流操作。浇筑过程安排技术人员盯控振捣和下料作业，浇筑前再交底并签认浇筑分工表，明确责任范围，布料过程中控制分层厚度为 30～50 cm。

混凝土振捣时，插点均匀、成行或交错式移动，移动间距 50 cm 左右，每次振捣棒插入下一层深度控制在 30～40 cm，振捣时间约为 40 s，振捣完毕后，边振捣边缓慢拔出振捣棒，振捣棒拔到一半的位置停住后继续振捣 3～5 s，将气泡引出后继续缓慢拔出振捣棒，混凝土振捣如图 5-13 所示。

图 5-13　混凝土振捣

④混凝土养护及抗裂措施

a. 夏季入模温度控制

(a) 骨料存放场地搭设遮阳棚遮盖降温，并向骨料堆中洒水，降低混凝土骨料温度。

(b) 混凝土拌和时，对拌和用水加冰块降温后再使用。

(c) 水泥经过一定时间的储存散热后方可出厂运到现场。

(d) 水泥、粉煤灰各设至少两个粉罐轮流使用，或在粉罐外表面洒水降温，避免刚运到的水泥、粉煤灰温度太高，从而导致生产出的混凝土温度过高。

(e) 对外加剂桶进行遮盖，严禁暴晒。

(f) 混凝土输送泵管包裹土工布或麻袋，并浇水降温。

b. 冬季入模温度控制

(a) 冬季混凝土浇筑时，拌和骨料不得带有冰雪和冻结团块，宜采用热水拌和、加热骨料等提高混凝土原材料温度的措施。所浇筑混凝土宜掺用适量外加剂，以提高混凝土的抗冻性。对输送混凝土的泵管进行包裹，减少混凝土在输送过程中热量的散失。

(b) 在塔柱模板背面覆盖保温材料，确保混凝土入模后温度，浇筑完毕的混凝土面要及时覆盖养护。

(c) 冬季混凝土浇筑工作应尽可能安排在气温较高的白天进行。

c. 混凝土养护

混凝土养护分为松模前养护、松模后拆模前养护、拆模后及爬升后养护。

(a) 松模前养护

混凝土终凝后至拆模前顶面混凝土采用洒水养护。带模养护时间不小于 72 h。

(b) 松模后拆模前养护

ⓐ混凝土浇筑完成待现场同条件试块达到 15 MPa 后,先拆除拉杆进行松模,松模间隙以距离混凝土面 5～10 mm 为宜,此时采用温水进行滴灌法养护,温水采取加热装置,水温根据混凝土表面与环境温差来进行调节。

ⓑ爬架上安装成套的温水滴灌系统,由供水水箱、水泵、阀门、加热水箱、水管等部分组成。

ⓒ在爬模操作平台每肢设置一个供水水箱和可调节温度的加热水箱。由供水水箱提供经沉淀净化后的洁净江水,经水泵输送至加热水箱,根据混凝土表面点温度及养护出水口温度的实时监测数据,对加热水温进行调整,确保养护水温与混凝土表面温度差在 15 ℃以内。

ⓓ在塔柱新浇层顶面沿塔柱外轮廓布设一圈主水管(主水管与加热水箱龙头连接),主水管间距 20 cm 开洞连接一个细小支水管,将支水管直接插入模板顶口缝隙中通水养护。

ⓔ养护水流量应确保补水量大于蒸发量,现场通过试验来调节水管流量。

ⓕ内腔拆模后直接采用养护液喷涂。

(c) 拆模后及爬升后养护

模板退出后,涂刷养护液,养护液采用滚筒滚涂方式,涂刷均匀,达到有效保水、阻隔效果,先滚刷一次,待养护剂基本成膜后再在其垂直方向喷第二遍;模板拆除后及时采取防风措施,塔身四周侧壁全断面围裹油布防风。油布挂设在液压操作层及混凝土修饰层平台梁上,后续随爬模系统进行爬升。

d. 防裂钢板网

为防止混凝土出现开裂,在塔柱受力复杂的区域[下塔柱第 1 节、下横梁(第 8～9 节)、中塔柱(第 10～15 节)]设置镀锌防裂钢板网。防裂钢板网板厚 4 mm,网格尺寸 80 mm×150 mm,如图 5-14 所示。

图 5-14　防裂钢板网

e.智能喷淋养护

现场在混凝土浇筑完成后及时在混凝土顶面覆盖土工布，并洒水保湿养护，侧面拆模后开启智能喷淋养护系统洒水保湿养护，养护总时长不得低于 14 d，如图 5-15 所示。

图 5-15　混凝土顶面覆盖，洒水养护

智能喷淋养护系统首先将江水沉淀、净化后泵送至分流器内(江水需定期检测并满足规范要求)，通过预埋在混凝土中的温度传感器传输信号到控制终端，自动控制养护水流速、流量、喷淋养护时间和范围，实现了超高塔混凝土智能养护，大大提升混凝土养护质量，如图 5-16 所示。

(7) 温控施工

由于塔柱截面较大，采用了大体积混凝土温控施工方法，在塔柱截面预埋循环冷却水管，通过温控措施，进行养护抗裂。采用可调流量的分流器＋冷却

图 5-16　智能喷淋养护

水管温控系统，冷却水管层间距 1 m(图 5-17)，单层冷却水管为一套温控系统，每套温控系统由 2 个分流器(1 进 1 出)、1 台 65 m^3/h 的水泵构成。根据监控单位的测温情况来调整投入水泵及增压泵的数量，确保通水量有据可依。

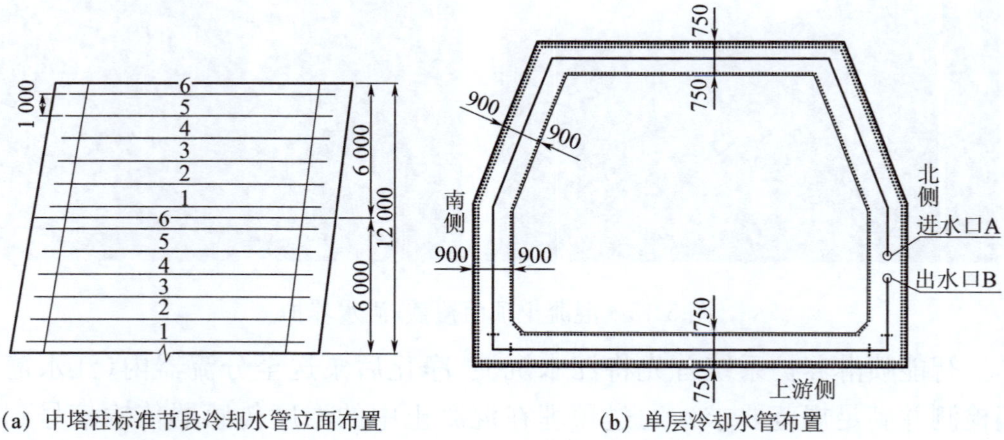

图 5-17　冷却水管布置示意(单位：mm)

在混凝土浇筑前，现场温控人员在混凝土内部埋设测温元件，并将数据收集的温控箱布置于下游侧塔柱中心位置，连接电源后进行无线实时数据收集和传输。在后台进行混凝土内外部温度数据的收集，并依据收集的实时数据来指导现场冷却水管的通水。

（8）成品保护

①防砂浆、水泥浆污染

根据常规施工流程，泵管内先用水湿润，然后再用水泥砂浆，最后浇筑混凝土。在用水泥砂浆洗泵管的过程中，需要用接料斗进行接料（图 5-18），在接料过程中不宜太满，吊装过程中应平稳，避免砂浆污染塔壁。

图 5-18 接料斗

在浇筑塔柱下一节段前应该在模板底部用双面胶填堵，防止在浇筑过程中水泥浆漏出，已经漏出的水泥浆应派专人及时擦拭干净，保证混凝土表面的美观，如图 5-19 所示。

图 5-19 防漏浆处理

②预埋件防锈

所有爬锥预埋件受力钢板在后场预先除锈处理，如图 5-20 所示，在全表面涂刷防锈漆或热浸锌，防止预埋件钢板锈蚀，影响混凝土外观。

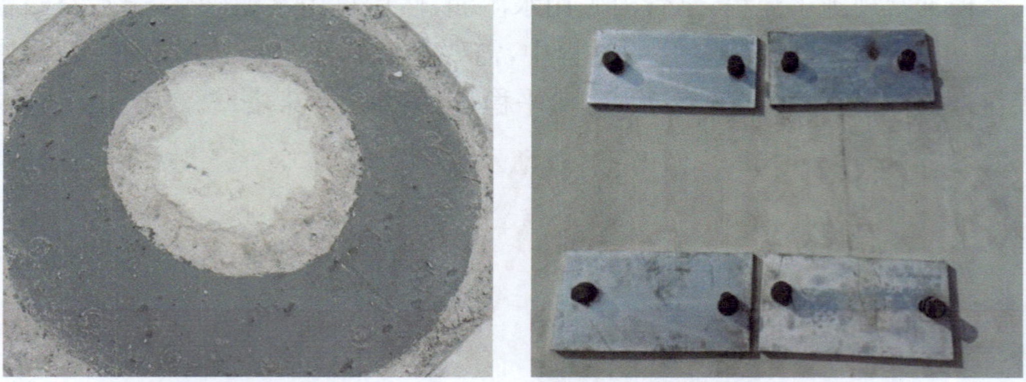

图 5-20　预埋件防锈处理

步梯附墙、塔吊附墙、电梯附墙、泵管挂座等施工结构在与爬锥受力钢板焊接过程中，应用托盘将焊渣托住，避免其直接污染塔壁。焊接完成后利用自喷漆对焊缝进行防腐处理，喷漆时应在塔柱表面设置隔离垫片，避免喷漆直接污染塔壁，如图 5-21 所示。

图 5-21　附墙结构防锈处理

定期检查预埋件防锈情况，对破损地方应及时补涂，避免钢结构生锈污染塔柱混凝土。

③主塔附属结构防护

主塔附属结构安装前，根据设计图纸的要求，对结构进行热镀锌处理，保证结构的使用寿命，安装过程中，应谨小慎微，防止蹭坏结构、刮坏塔壁混凝土，影响混凝土的外观质量。

6 人员与设备

6.1 施工人员

施工所需人员配置见表5-7。

表5-7 施工人员配置

序号	职　务	人数(人)	负责内容
1	项目负责人	1	全面负责
2	生产负责人	1	生产组织
3	技术负责人	1	技术管理
4	质量安全负责人	1	质量、安全管理
5	技术员	5	技术指导
6	安全员	2	安全监督
7	质检员	2	质量监督
8	材料员	2	材料购买
9	试验员	5	施工相关试验
10	测量员	6	施工放样
11	调　度	2	现场生产协调
12	司　机	18	起吊设备、运输设备驾驶
13	电　工	2	现场用电管理
14	起重工	12	钢筋、模板、支架等吊装
15	钢筋加工工班	20	钢筋加工
16	钢筋安装工班	40	钢筋安装
17	模板作业工班	20	模板安装、使用、维护
18	混凝土生产工班	10	混凝土生产
19	混凝土浇筑工班	20	混凝土浇筑
20	预应力作业工班	20	横梁预应力张拉、压浆、封端
21	钢结构作业工班	20	劲性骨架及支架制作、安装

6.2 机具设备

施工使用的主要机具设备配置见表5-8。

表5-8 施工主要机具设备配置

序号	设备名称	规格/型号	单位	数量	备　注
1	塔　吊	350 t·m	台	2	下塔柱、下横梁吊装施工

续上表

序号	设备名称	规格/型号	单位	数量	备　注
2		480 t·m	台	1	全部塔高范围吊装施工
3		1 500 t·m	台	1	全部塔高范围吊装施工
4		2 700 t·m	台	1	上塔柱施工，主要负责钢锚梁吊装
5	浮　吊	150 t	艘	1	钢锚梁由运输船倒运至承台
6	120 t码头吊机	120 t	座	1	码头处钢筋、模板、临时结构吊装下水
7	平板驳	400 t	艘	3	水上钢筋、模板、临时结构运输
8	平板车	12.5 m	辆	2	岸上钢筋、模板、临时结构运输
9	钢筋加工设备	—	套	2	钢筋加工
10	模　板	—	套	2	多卡爬模(外模)、良工爬模(内模)，横梁、合龙段外模采用钢模
11	混凝土工厂	2×HZS180 m^3/h	组	1	水上固定式混凝土工厂
12	混凝土拌和船	120 m^3/h	艘	2	用于塔柱大体积施工
13	混凝土输送泵	HBT9035CH-5D	台	2	布置在混凝土工厂
14	布料机	—	套	8	每个塔肢2套，横梁8个
15	插入式振捣棒	B50	套	35	混凝土振捣
16	钢结构加工设备	—	套	1	临时钢结构加工制作
17	电　梯	SCQ200/200	部	3	下塔柱1部、中塔柱2部，施工上塔柱1部，中塔柱电梯倒用至上塔柱
18	步　梯	—	套	2	下塔柱施工
19	变压器	1 000 kV·A	台	2	施工用电
20	发电机组	500 kW	台	1	备用
21	交通船	荷载50人	艘	2	施工人员运输
22	测量设备	—	套	1	施工测量，包括全站仪、水准仪
23	千斤顶	100 t	套	16	横撑施工
24	张拉千斤顶	—	台	6	横梁预应力张拉
25	油　泵	—	台	6	横梁预应力张拉
26	压浆机	—	台	1	横梁压浆
27	高速搅拌机	—	台	1	横梁压浆
28	扭矩扳手	—	把	6	钢锚梁螺栓施拧

7 质量控制

7.1 混凝土质量控制

通过对原材料的质量检验与控制、混凝土配合比的确定、混凝土的生产和施工过程各工序的质量检验,以及合格性检验,使混凝土的质量符合规定要求,主要体现在以下几个方面。

7.1.1 原材料

严格控制混凝土原材料质量,所有原材料做好进场验收工作,保证满足施工要求。

7.1.2 混凝土生产

(1) 加强混凝土组成成分及比例的研究,优化混凝土配合比,尤其是加强水泥与外加剂的相溶性、温度敏感性的试拌、试配;在使用过程中,混凝土配合比根据质量的动态信息及时调整。

(2) 混凝土拌和时严格按照配合比计量上料,按照技术交底要求拌和。现场试验人员按规定及时对拌和物进行现场试验,确保拌和物质量。

(3) 施工过程中加强骨料含水量的检测工作,并进行拌和用水量的调整。

7.1.3 原材料补料

拌和船、拌和站补料时,物资部派专人对新补的砂料、石料进行巡查,以确认船舱上、下是否一致,必要时可请试验室协助检查,或对原材料进行取样检验。

7.1.4 混凝土灌注

(1) 开盘前,应检查拌和机、混凝土输送泵及管道等各工序设备的运转情况。

(2) 混凝土搅拌时间应比基准混凝土搅拌时间延长 10～30 s。

(3) 混凝土浇筑时,必须做坍落度试验,符合要求后才能浇筑。

(4) 混凝土采用泵送施工,输送管接头要密封,保证不漏气,管道安装要顺直并垫平,泵送混凝土之前要先泵送一定数量的水泥砂浆润滑管道。

(5) 浇筑混凝土前,全部模板和钢筋应清洗干净,不得有杂物,并经监理工程师检查批准后开始浇筑。

(6) 混凝土浇筑时,要严格控制分层厚度在 30～50 cm,同时要严格控制混凝土自由下落高度,最高不能超过 2 m,超过 2 m 要使用串筒或溜槽,以免混凝土产生离析。

（7）混凝土浇筑作业应连续进行，如因故发生中断，其中断时间应小于混凝土的初凝时间，超过初凝时间应采取相应措施处理，并立即向监理工程师报告。

（8）混凝土振捣时，振捣器的插入或拔出时的速度要慢，振捣点均匀。

（9）施工缝的处理应按规定或监理工程师的要求进行，在旧混凝土表面浇筑新混凝土前，必须将其表面凿毛清洗干净，用水湿润后，先浇一层水泥砂浆以确保新旧混凝土之间能结合良好。

（10）混凝土浇筑后要注意覆盖保温，加强养护，遇气温骤降的天气，应注意保温，以防出现裂纹。温度控制过程中，测试人员应及时测量，尽快提供测试结果，并及时反馈测试数据，发现异常及时报告有关部门。

7.1.5 混凝土试验人员要求

（1）配合比严格按照由试验室报送并已批复的混凝土配合比进行。

（2）试验人员在拌和站监督检查配合比执行情况以及原材料、坍落度、试件取样、称量衡器检查校准是否符合要求。

7.2 施工组织管理

制定严密的劳动组织，明确分工，责任到人，做到忙而不乱，严格落实交接班制度，对所有作业人员进行全面的技术交底。

8 安全措施

8.1 施工作业搭设的扶梯、工作台、脚手架、护身栏、安全网等，必须牢固可靠，并经验收合格后方可使用。

8.2 爬模施工安全

8.2.1 操作人员必须经过培训，经考核合格后持证上岗。未经培训的无证人员严禁上岗作业。

8.2.2 操作人员必须年满 18 岁，两眼视力均不低于 1.0，无色盲，无听觉障碍，无高血压、心脏病、癫痫、眩晕和突发性昏厥等疾病。

8.2.3 爬模操作人员必须是固定人员，在进场后应接受三级安全教育及爬模施工安全技术交底，要求分工明确。

8.2.4 正确使用个人防护用品，采取安全防护措施。进入施工现场，必须戴好安全帽，作业时必须系好安全带，工具使用完要放在工具套内。

8.2.5 操作人员要有责任心，工作认真负责，严禁酒后作业和作业中玩笑嬉闹。

8.2.6 操作人员必须遵循安全技术操作规程的规定。

8.2.7 建立安全保证体系，完善和落实高空作业管理制度、安全学习教育制度。全部施工人员上岗前进行入场安全教育，安全教育的内容主要有岗位的安全操作规程学习、劳动防护用品正确使用等。

8.2.8 安全技术交底到每个作业人员，对作业工序、人员、设备、安全、质量控制标准、作业中要注意的事项等进行详细的交底，参加安全技术交底的人员在交底签到表上进行签字。

8.2.9 落实班前会制度，在班前召集施工人员对当天的作业安全注意事项、所要采取的措施进行讲解强调。

8.2.10 根据施工现场实际情况设置相应的安全警示、提示、指令等安全牌。不得随意拆除施工现场的安全设施，不得已必须拆除时，需得到安全人员的允许，作业结束务必复原上述装置。

8.2.11 作业中必须按规定正确使用防护用品，防护用品在使用前要进行检查。

8.2.12 在爬模爬升开始前，应对爬模系统作全面检查，拆除所有障碍物，确认符合要求后方可进行爬升。

8.2.13 禁止超载作业，严禁在操作平台上堆放无关物品。

8.2.14 爬模专职操作人员在爬模的使用阶段应经常（每日至少两次）巡视、检查和维护爬模的各个连接部位，确保爬模的各部位按要求进行附着固定。

8.2.15 施工过程中，组织施工技术人员、安全员、液压操作人员等定期进行爬模架体的检查，确保施工过程安全，并填写相应表格（如液压爬模架体月检记录表）。

8.2.16 提升过程中应实行统一指挥、规范指令，提升指令只能由一人下达，但当有异常情况出现时，任何人均可立即发出停止指令。

8.2.17 爬模爬升时严禁操作人员停留在正在爬升的架体上，专业操作人员可站立于未爬升架体或其他有安全保护措施的位置进行操作。

8.2.18 非爬模专职操作人员不得随便搬动、拆卸、操作爬模上的各种零配件和电气、液压等装备。在爬模上进行施工作业的其他人员如发现爬模有异常情况时，应随时通报爬模专职操作人员及时进行处理。

8.2.19 六级（含六级）以上大风应停止作业，大风前须检查架体悬臂端拉接状态是否符合要求，大风后要对架体做全面检查，符合要求后方可使用，冬天下雪后应清除积雪并经检查后方可使用。

8.2.20 每施工3层或施工进度较慢及施工暂时停滞时每个月都应对挂座、液压系统等进行检查保养，以保证架体的正常使用。

8.2.21 爬架拆除时操作人员必须将安全带系于混凝土外侧的施工钢管操作架上，防止爬架拆除过程中本身失稳造成坠落事故。

8.2.22 遇六级(含六级)以上大风、雨雪、浓雾和雷雨天气时，禁止进行架体的拆除工作，并预先对架体采取加固措施。

8.2.23 严禁在夜间进行爬架的拆除工作。

8.2.24 爬架拆除前划定作业区域范围，并设警戒标识，禁止与拆除无关的人员进入。拆除爬模时应有可靠的防止人员与物料坠落的措施，严禁抛扔物料。

8.2.25 爬架拆除人员应配备工具袋，手上拿钢管时，不准同时拿扳手，工具用后必须放在工具袋内。拆下来的脚手杆要随拆、随清、随运，分类、分堆、分规格码放整齐，要有防水措施，以防雨后生锈。

8.2.26 爬模架体拆除时，拆杆和放杆时必须由2～3人协同操作，拆大横杆时，应由站在中间的人将杆顺下传递，下方人员接到杆拿稳拿牢后，上方人员才准松手，严禁往下乱扔脚手料具。

8.2.27 拆除工作因故不连续时，应对未拆除部分采取可靠的固定措施。

8.2.28 拆除爬模架子时有管件阻碍不得任意割移，同时要注意扣件崩扣，避免踩在滑动的杆件上操作。

8.2.29 拆架时扣件必须从钢管上拆除，不准有松动的扣件遗留在被拆下的钢管上。

8.2.30 拆除中途不得换人，如更换人员必须重新进行安全技术交底。

8.3 吊绳、吊具及吊钩连接应正确牢靠，吊点焊接及栓接必须按设计要求进行。起吊前进行试吊检查，并在吊装施工过程中对车辆及吊具定期检查。

9 环保措施

9.1 在施工过程中，操作人员要加强各种施工机械的维修保养，尽可能降低施工机械噪声的排放。

9.2 施工期间的废弃物、边角料分类存放，统一集中管理。

9.3 优先选用节能型的现场照明灯具，并合理布置，及时开关，在满足施工场界范围内照明需要的同时，有效节约电能。

9.4 加强施工管理工作，严格检查施工机械和施工船舶，防止油料泄漏污染周围环境。

9.5 优化泵管润滑和冲洗措施，减少废弃砂浆、混凝土数量，废弃砂浆、混凝土做无害化处理后再利用。

10 效益分析

10.1 经济效益

本工法通过混凝土配合比研究，制备具有高流态、低收缩、抗裂等特性的C60高性能混凝土，通过防裂措施、养护措施研究，采用循环冷却水降温、自动喷淋养护、防裂钢板网等方式，解决高塔施工养护困难、混凝土表面易开裂的难题，有效地控制了混凝土裂纹的产生，保证了主塔施工的质量，产生的具体经济效益如下。

10.1.1 制备了高流态、低收缩、抗裂等特性的C60高性能混凝土，解决了大截面混凝土塔柱抗裂、养护等难题，减少了质量通病，通过技术创新，沪苏通长江公铁大桥主桥单个主塔节省投资600万元。

10.1.2 本工法实现了330 m高塔混凝土一泵到顶，提高了施工工效，沪苏通长江公铁大桥主塔施工工效达到0.57 m/d，创造了钻石形主塔的最快施工记录。

10.2 社会效益

沪苏通长江公铁大桥主航道桥主塔施工为沪通铁路的控制性工程。主塔高度330 m，单个主塔总方量约72 000 m^3，施工时间2年，超高主塔施工时混凝土泵送、养护困难，塔柱易开裂。通过采取一系列创新措施，有效地保证了塔柱施工的质量。

2018年11月26日，针对沪苏通长江公铁大桥大体积高性能混凝土工程召开院士咨询会，卢春房、缪昌文、岳清瑞、欧进萍、陈政清五位院士参会，认为沪苏通长江公铁大桥主塔及大体积混凝土施工过程中，立足科研，敢于探索，在深水大跨度斜拉桥混凝土设计、施工、管理上成绩显著。通过产、学、研、用，将科研与实践相结合，解决了大体积高性能混凝土易出现的质量通病及施工技术难题，混凝土各项质量指标良好。

11 应用实例

沪苏通长江公铁大桥主航道桥28号墩主塔于2018年9月28日封顶。

从实施效果来看，本工法采用混凝土一次泵送工艺，优化了混凝土配合比，提高了混凝土工作性能。施工过程中，采用防裂钢板网、循环冷却水管、自动喷淋等技术，较好地解决了超高塔施工养护困难、易开裂等施工难题，可为类似工程借鉴。

本工法适用于超高大截面塔柱混凝土施工。通过技术创新和工程应用，形成了大截面超高混凝土塔柱施工工法，在超高混凝土塔柱抗裂、养护等方面为今后类似工程提供了可靠的技术借鉴。

参编单位：中铁大桥局集团有限公司。

参编人员：陈涛、李军堂、查道宏、贾维君、江忠贵、闫志刚、王芳、杨彦海、刘文荐、张洋。

六、基于 BIM+GIS 技术的大跨度钢桁拱桥悬臂架设施工工法

1 前 言

近年来，钢桁拱桥作为国内一种新兴的桥梁结构，以其造型美观、结构承载能力强、跨越能力大等优点被广泛应用，特别是其优良的抗风、抗震性能使其成为高山峡谷地区桥梁结构的最优选择。国内外大跨拱桥主拱圈大多采用支架法或悬臂架设后转体施工的方法成拱，各类施工方法因地形、跨度等因素影响均存在一定的局限性，依然存在辅助设施施工设计和管理风险等问题需要解决。

大瑞铁路怒江特大桥主桥为单跨 490 m 上承式钢桁拱桥，主拱圈为提篮式四主桁拱结构。主拱圈杆件合计 926 根，重量达 2.8 万 t，最大杆件重 94 t，是同类铁路桥梁中世界之最。主拱圈施工需解决结构自重大、杆件尺寸大、预拼难度高、空间对位难、拼接精度高、悬臂周期长等技术难题。

BIM(建筑信息模型)技术是基于先进的多维数字设计和工程软件所构建的可视化的数字建筑信息模型，可为工程建设者及各环节提供模拟与分析的科学协作平台。施工时可利用数字建筑信息模型对工程项目进行管理。结合大瑞铁路怒江特大桥主拱圈架设的特点，合理选择应用软件，对主拱圈杆件吊装过程进行模拟操作，提高施工效率，降低安全风险。

基于怒江特大桥主拱圈全节点结构的复杂性，结合其装配式特点，项目采用 Catia 软件建立施工阶段精细化模型，并采用 Delmia 进行施工组织模拟、吊装方案模拟、工序模拟、工艺模拟、吊装路径优选、人机模拟等，提前发现了吊装过程中可能发生的碰撞点，优化了扣挂吊装方案，利用数字化模拟指导现场施工，最终高效、精准、安全地完成了主拱圈合龙。

2 工 法 特 点

2.1 利用 Catia 软件建立桥梁主体结构的模型，并利用无人机实景建模

技术创建施工现场的三维地形模型。根据模型信息，对斜拉扣挂系统、缆索吊架设方案进行施工设计，并模拟杆件吊装路径对主拱圈吊装平台进行规划布置。

2.2 利用BIM技术对斜拉扣挂及缆索吊等主要施工措施进行方案比选，确定缆索吊机吊装、斜拉扣挂悬臂拼装的主拱圈架设方案。

2.3 利用BIM技术对主拱圈吊装工艺进行模拟，通过模拟弦杆的不同吊装顺序进行路径选择和碰撞检查，优化了杆件的吊装顺序，避免吊具与杆件的碰撞，将分离式“K形”平联吊装优化为组合式吊装，避免杆件相互碰撞，减少了吊装次数，提高了施工效率。

2.4 利用BIM技术对拱圈合龙段的不同吊装方式进行模拟比对，从杆件吊装顺序、杆件摆放、杆件吊装方式等方面进行优化，解决了在间距为4.77 m的合龙口依次安装16根大尺寸杆件的施工难题。

3 适用范围

本工法适用于极复杂艰险山区、施工场地狭小的大跨度钢桁拱桥悬臂拼装施工。

4 工艺原理

本工法依托主跨490 m的钢桁拱桥，采用BIM技术对主拱圈的施工过程进行数字化模拟，依据模拟结果布置了主要施工辅助措施，避免了吊装过程中的碰撞，优化了吊装方案，解决了大跨度、多杆件、杆件自重大、结构复杂、高精度对接等施工难题，顺利完成了主拱圈合龙。

采用无人机实景建模技术创建施工现场的三维地形模型，根据模型展示的信息，优化拱圈架设方案，对施工现场吊装平台进行规划布置。对分离式“K形”平联吊装工艺进行模拟，经过吊装过程的碰撞检查，优化了吊装方式，避免了杆件碰撞，减少了吊装次数。通过对下弦杆的吊装模拟和碰撞检查，优化了单个节段杆件的吊装顺序，提高了吊装效率。对合龙段三种不同吊装方案进行吊装模拟比对，从杆件吊装顺序、杆件摆放、杆件吊装方式、工期等方面进行优化，确定出最佳的合龙方案。

5 施工工艺流程及操作要点

5.1 施工工艺流程

本工法的施工工艺流程如图 6-1 所示。

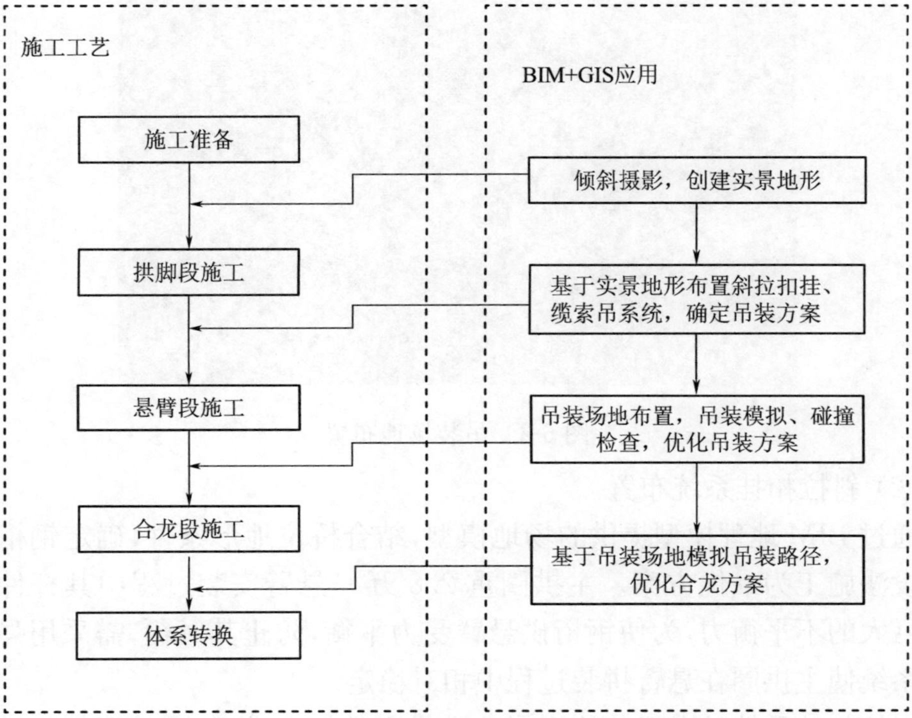

图 6-1 施工工艺流程示意

5.2 操作要点

选择适用于本工程装配式施工的模型应用软件，建立桥梁结构主体、主要施工措施以及施工场地模型。根据模型提供的信息辅助设计斜拉扣挂和缆索吊等主要施工设施；结合地理模型对主拱圈吊装进行工艺模拟和碰撞检查，规划吊装场地，以达到优化方案的目的。通过 BIM 方案模拟，确定主拱圈架设采用斜拉扣挂悬臂施工的方案。

5.2.1 施工准备

(1) 吊装场地布置

利用无人机实景建模技术建立主拱圈周边地形的实景模型，在实景模型的基础上，利用 BIM 软件规划主拱圈吊装场地。完成两级吊装平台的规划布局，用于主拱圈杆件的存放、拼装和起吊。

利用 BIM 技术规划场地：一级平台设置在主拱圈 4 号、5 号节段正下方，靠近跨中为二级平台，设置在主拱圈 12 号、13 号节段正下方。0 号～5 号节段杆件在一级平台起吊吊装，6 号～20 号节段杆件在二级平台起吊吊装。吊装平台内设置 2×50 t 的龙门吊，用于主拱圈杆件的场内转运。吊装场地布置如图 6-2 所示。

图 6-2　吊装场地布置

(2) 斜拉扣挂系统布置

通过 BIM 地理模型提供的场地模型，结合桥位地形条件，确定钢桁拱悬臂架设法施工为最优方案。主拱圈重 2.8 万 t，悬臂安装过程中其杆件自重产生巨大的不平衡力，为使钢桁拱悬臂受力平衡，防止其倾覆，需采用强大的扣挂系统使主拱圈在悬臂拼装过程中相对稳定。

斜拉扣挂系统的布置与施工影响主拱圈的架设进度，设计了双扣塔和四扣塔多扣索两种方案。双扣塔方案中，扣锚索全部锚固于 7 号、8 号交界墩顶扣塔上；四扣塔多扣索方案中，全桥共设置 27 层扣锚索，大理侧 14 层，瑞丽侧 13 层，其中第 3 层和第 4 层扣锚索锚固于 6 号、9 号墩，其余扣锚索锚固于 7 号、8 号交界墩顶扣塔上，全桥共设置锚碇 21 个，全部采用岩锚结构，其中大理侧 11 个，瑞丽侧 10 个。利用 BIM 技术，针对扣点、扣塔、锚点布置、结构受力特点等开展技术可行性、安全可靠性比较，最终确定四扣塔多扣索的钢桁拱扣挂方案，方案对比模型如图 6-3 所示。

(3) 缆索吊布置

缆索吊是主拱圈吊装的主要设备，初步设计有 2×200 t＝400 t、4×50 t＝200 t 两种布置方案。利用 BIM 技术将两种方案结合地理模型在三维场景中进行对比分析。遵循安全、经济、适用的原则，从机械、钢结构、土建、电器系统等方面深入分析，结合成功施工案例经验，主拱圈采用散件吊装。

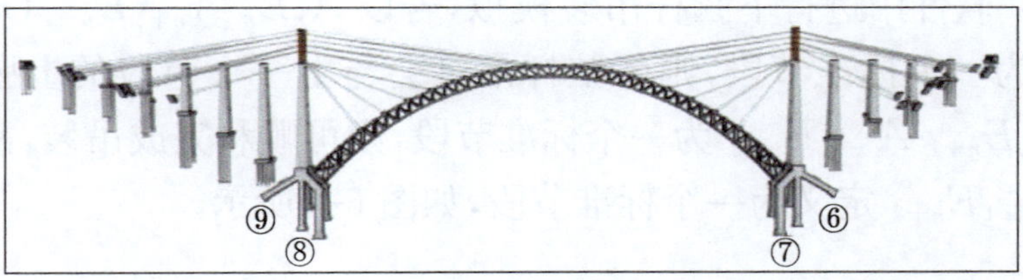

（a）双扣塔

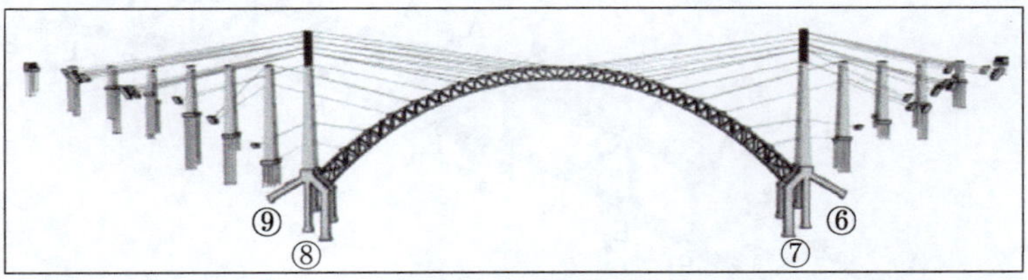

（b）四扣塔多扣索

图 6-3　斜拉扣挂方案对比模型

其中 2×200 t=400 t 方案缆索吊结构尺寸大、对地基要求高，现场实施较为困难；而采用 4×50 t=200 t 方案既可满足施工要求，又可节约施工成本，推荐采用。缆索吊布置效果如图 6-4 所示。

图 6-4　缆索吊布置

5.2.2　拱脚支架段施工

主拱圈拱脚结构为插入式预埋，预埋锚栓数量多，尺寸大，安装精度要求高，拱脚的安装定位直接影响拱圈的合龙精度。为了保证拱脚预埋段的预埋精度，采用支架法进行施工。利用 BIM 的坐标信息在支架上设计定位基准，将拱脚预埋段按照精度要求与预埋锚栓骨架直接焊接固定，确保拱脚预埋段定位准确后再浇筑拱座基础混凝土。

5.2.3　悬臂段施工

（1）标准节段划分

全桥拱肋划分为 40 个节段，共计 926 根杆件。

在 BIM 软件中进行下弦杆吊装模拟，若以 A_nE_n-$A_{n+1}E_{n+1}$（n 为主拱圈节点编号）为一个标准节段，则下弦杆吊具会与上一个节段的上弦杆发生碰撞；若以 A_nE_{n+1}-$A_{n+1}E_{n+2}$ 为一个标准节段，则可顺利完成吊装，故将主拱圈 A_nE_{n+1}-$A_{n+1}E_{n+2}$ 定义为一个标准节段，如图 6-5 所示。

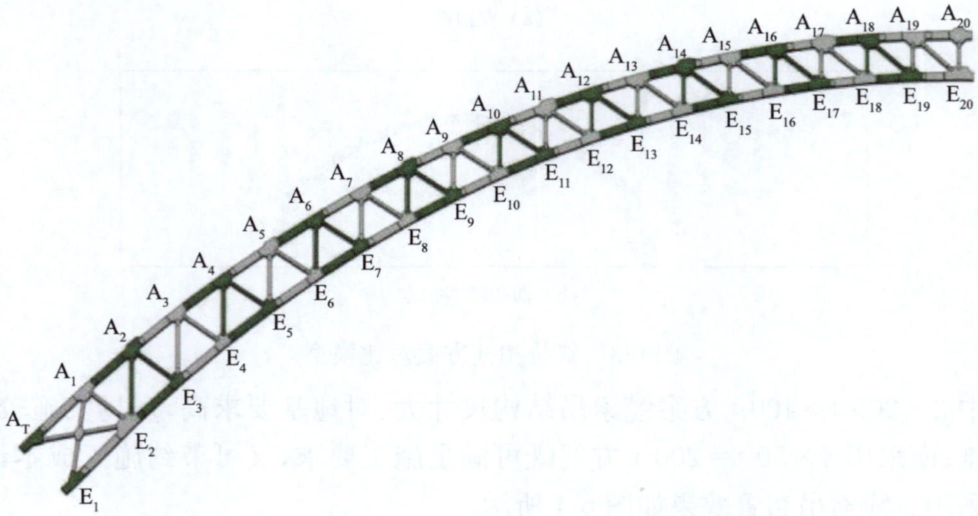

图 6-5　1/2 主拱圈标准节段划分

一个标准节段包括 4 根上弦杆、4 根下弦杆、4 根竖腹杆、4 根斜腹杆、1 个上平联（1 根横杆、2 根斜杆）、1 个下平联（1 根横杆、2 根斜杆），具体结构如图 6-6 所示。

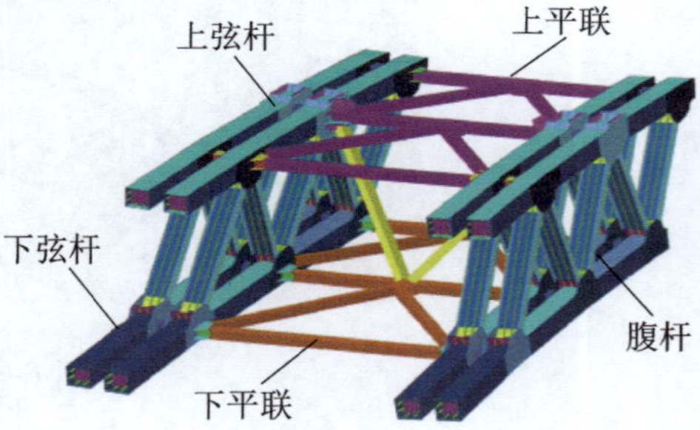

图 6-6　主拱圈标准节段组成

（2）单个标准节段吊装顺序

主拱圈杆件结构形式多样，结构尺寸、杆件的吊装顺序直接影响了吊装的效率。利用 BIM 技术对不同的安装顺序进行模拟，最终确定了先内后外、先下后上的吊装顺序，有效避免了先安装上弦杆后安装下弦杆时吊具与上弦杆碰撞的问题，碰撞检查如图 6-7 所示。单个标准节段杆件具体吊装顺序为：内侧下弦杆（2 根）→下平联（1 根横杆、2 根斜杆）→内侧竖腹杆（2 根）→内侧斜腹杆（2 根）→内侧上弦杆（2 根）→上平联（1 根横杆、2 根斜杆）→外侧下弦杆（2 根）→外侧竖腹杆（2 根）→外侧斜腹杆（2 根）→外侧上弦杆（2 根），吊装顺序如图 6-8 所示。

图 6-7　下弦杆安装碰撞检查

（a）内侧下弦杆吊装

（b）下平联吊装

（c）内侧竖腹杆吊装

（d）内侧斜腹杆吊装

（e）内侧上弦杆吊装

（f）上平联吊装

（g）外侧下弦杆吊装

（h）外侧竖腹杆吊装

（i）外侧斜腹杆吊装

（j）外侧上弦杆吊装

图 6-8　标准节杆件吊装顺序

（3）杆件吊装路径选择

依据 BIM 技术，计算缆索吊主索空间覆盖范围与主拱圈投影之间的位置关系，选择最佳的吊装路径。主拱圈 0 号～5 号标准节段杆件在一级平台起吊吊装，6 号～20 号标准节段杆件在二级平台起吊吊装。2 号～11 号节段杆件采用缆索吊 4 个主吊钩吊装，12 号～20 号标准节杆件在水平面的投影处于二级平台之外，采用扁担梁配合缆索吊进行吊装。标准节段杆件吊装场地布置如图 6-9 所示。

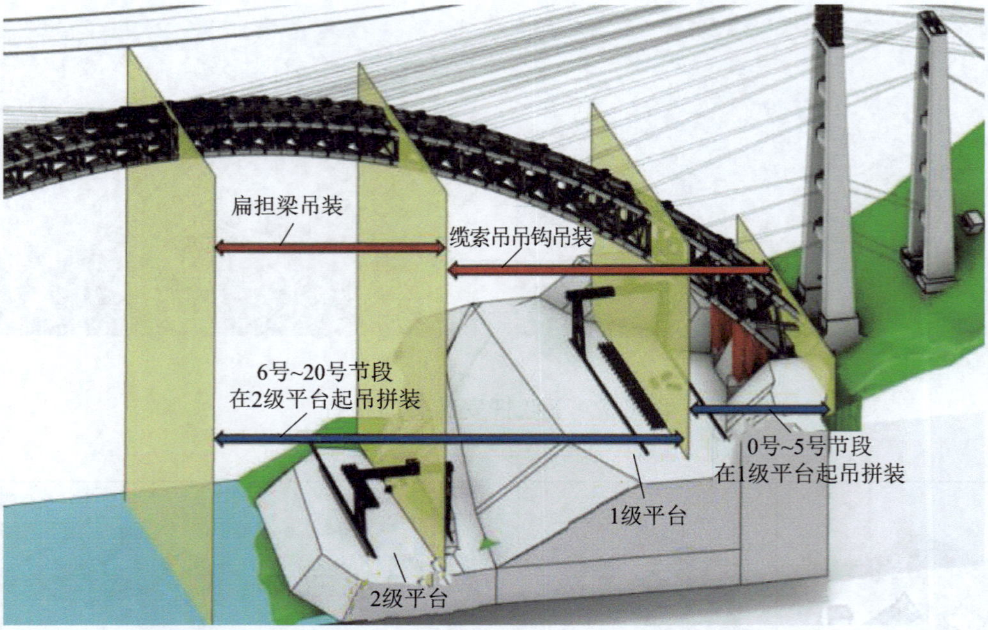

图 6-9　吊装场地布置模型

（4）杆件吊装方式

主拱圈标准节段各杆件吊装方式如图 6-10 所示。

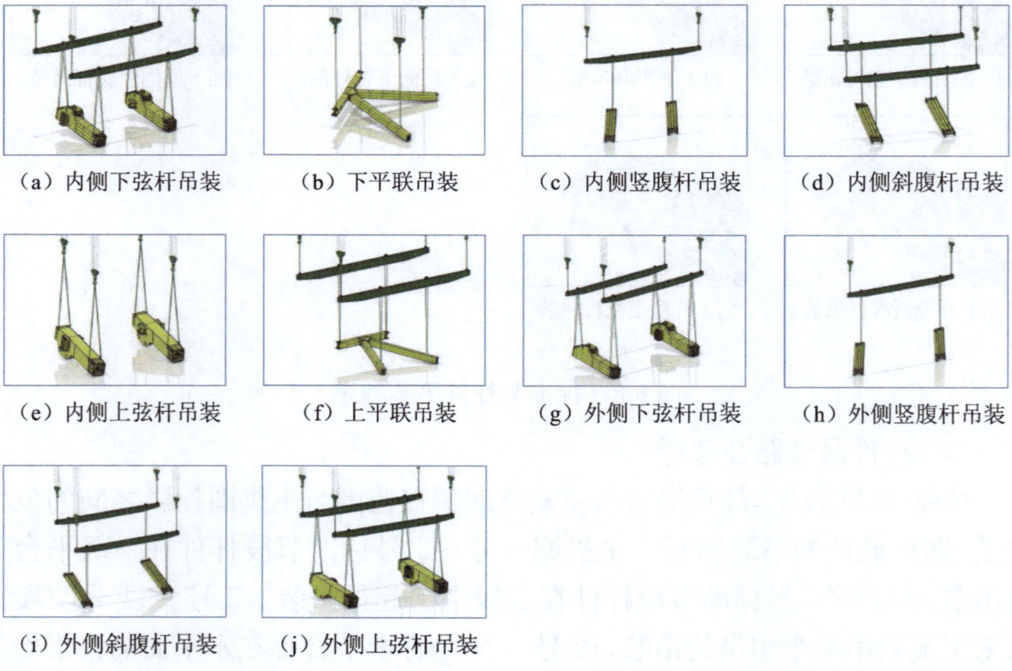

（a）内侧下弦杆吊装　（b）下平联吊装　（c）内侧竖腹杆吊装　（d）内侧斜腹杆吊装

（e）内侧上弦杆吊装　（f）上平联吊装　（g）外侧下弦杆吊装　（h）外侧竖腹杆吊装

（i）外侧斜腹杆吊装　（j）外侧上弦杆吊装

图 6-10　主拱圈标准节段各杆件吊装方式

①弦杆吊装

图 6-10 中(a)、(e)、(g)、(j)展示了上、下弦杆采用缆索吊吊钩和扁担梁进行吊装的方法。杆件安装采用插入法，缆索吊主索道 4 个吊点同时提升杆件并向前运送，弦杆后端超过与上一节弦杆连接处约 50 cm 后索道停止前进，然后吊点下降，将数显角度测量仪贴于杆件上测量弦杆仰角，达到设计要求后同时下降前后吊点。索道采用最慢速挡位边下降边后退，杆件插入就位。

②平联吊装

平联由 1 个平联横撑和 2 个平联斜撑组成，组合后为“K 形”结构，如图 6-11 所示，图 6-10 中(b)、(f)展示了平联采用缆索吊吊钩和利用扁担梁进行吊装的方法。通过模拟“K 形”平联吊装的组合形式，对分离式吊装工艺与组合式吊装工艺进行可视化对比。拱圈平联均为插入式栓接，间隙仅为 2 mm。采用分离式吊装会导致平联斜撑安装空间不足，无法安装，如图 6-12 所示；另外采用分离式吊装，需吊装 234 次，组合式吊装仅需 78 次，减少吊装 156 次，同时组合式吊装方案避免了平联斜杆安装空间不足的问题。

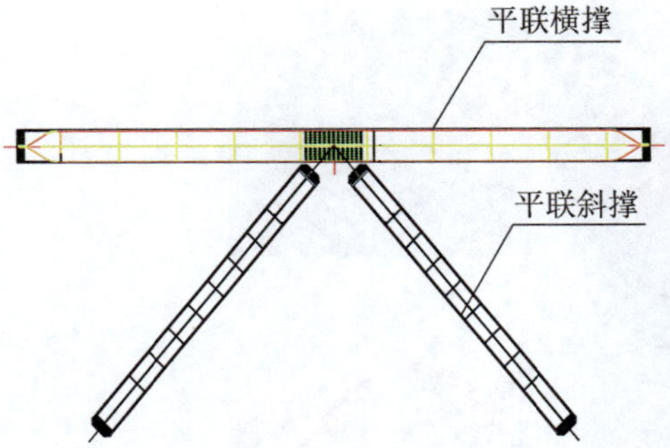

图 6-11　平联“K 形”结构示意

图 6-12　平联碰撞检查模拟

③竖腹杆吊装

图 6-10 中(c)、(h)所示，根据在 BIM 中测量的每个标准节段竖腹杆与扁担梁的相对位置关系，对竖腹杆的吊点位置进行布置。根据 BIM 计算出杆件重心位置并标明，竖腹杆安装时只需在“工”字形腹杆靠线路外侧的翼缘板上安装吊耳，然后直接与吊钩进行连接，行走到设计位置后插入下弦杆节点板之中即可。

④斜腹杆吊装

下弦杆安装完成后即可安装斜腹杆。斜腹杆亦采用缆索吊前后两个吊钩吊装，如图 6-10 中(d)、(i)所示。缆索吊两个吊点同时提升杆件并向前运送，腹杆上端超过与上一节弦杆连接处约 50 cm 后索道停止前进，然后吊点下降，将数显角度测量仪贴于杆件上测量弦杆仰角，达到设计要求后同时下降前后吊点。索道采用最慢速挡位边下降边后退，杆件就位采用插入法，即先在已装杆件接头处安装连接板，利用连接板提供限位、导向作用，将吊装梁段插入已安装梁段，如位置出现偏差需微调时，施工人员采用手拉葫芦或千斤顶进行微调定位。

⑤扣锚索施工

每根杆件拼装时先按照设计螺栓孔位总数的 10%安装冲钉，按照设计螺栓孔位总数的 20%安装临时螺栓。整个节间拼装完成后，安装、张拉扣锚索，并测量各监控点数据，合格后再将各节点临时螺栓和冲钉替换为高强度螺栓进行施拧。扣锚索在张拉过程中的施工监控采用拱圈线形监控为主、杆件应力监控为辅的控制方式。另外，为保证斜拉扣挂系统整体的安全，在扣锚索张拉前后以及过程中对扣塔和后锚点进行全过程监控。将监控采集数据与计算模型进行对比，超出预警值的及时调整。斜拉扣挂系统的施工监控系统如图 6-13 所示。

图 6-13 斜拉扣挂系统的施工监控系统

5.2.4 合龙段施工

(1) 合龙段结构划分

主拱圈合龙段由 16 根杆件(主桁上弦杆 4 根、主桁下弦杆 4 根、主桁斜腹杆 4 根、上平联斜撑 2 根、下平联斜撑 2 根)组成，合龙段三维模型如图 6-14 所示。合龙段结构尺寸大且相互独立，无法直接组合成整体进行组合吊装。

(2) 合龙段杆件存放

根据合龙段的结构组成及特点，为保证吊装作业的顺利完成，在吊装合

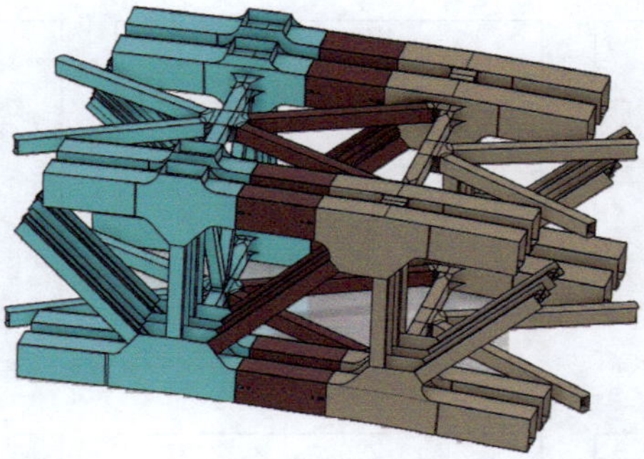

图 6-14　合龙段模型(红色)

龙段主桁下弦杆前必须将上弦杆及上平联斜杆调运至大里程侧扣塔上方的存放平台进行存放，4 根下弦杆、4 根斜腹杆及 2 根下平联斜撑摆放在地面起吊平台，然后依次按顺序完成合龙节间杆件的吊装。扣塔存放平台与杆件之间采用手拉葫芦捆扎固定，保证平台及杆件之间的连接满足安全施工要求。合龙段杆件存放如图 6-15 所示。

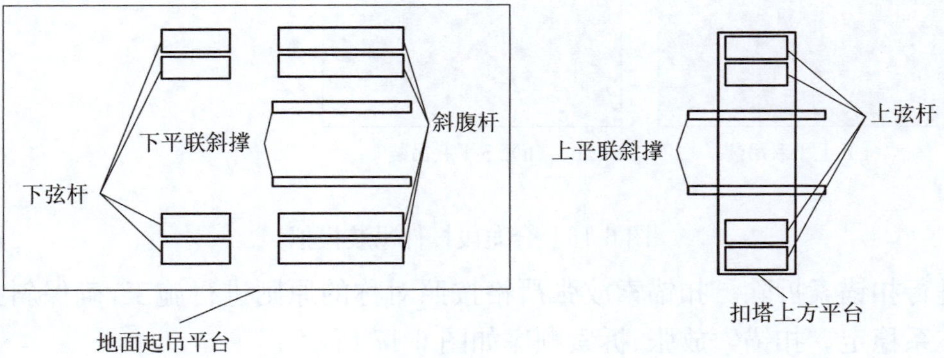

图 6-15　合龙段杆件存放示意

(3) 合龙段杆件吊装

合龙段采用先内侧合龙再外侧合龙的施工工艺，即“先内后外、先上后下”的施工顺序：内侧斜腹杆(2 根)→内侧上弦杆(2 根)→外侧斜腹杆(2 根)→外侧上弦杆(2 根)→内侧下弦杆(2 根)→外侧下弦杆(2 根)→上平联(2 根斜杆)→下平联(2 根斜杆)，合龙段杆件吊装模拟如图 6-16 所示。

5.2.5　体系转换

主拱圈合龙后、拆索前，对全桥所有的扣锚索力、拱肋标高、扣塔位移进行全面测量，测量结果反馈施工监控单位，并根据测量结果校正拱圈线形，最

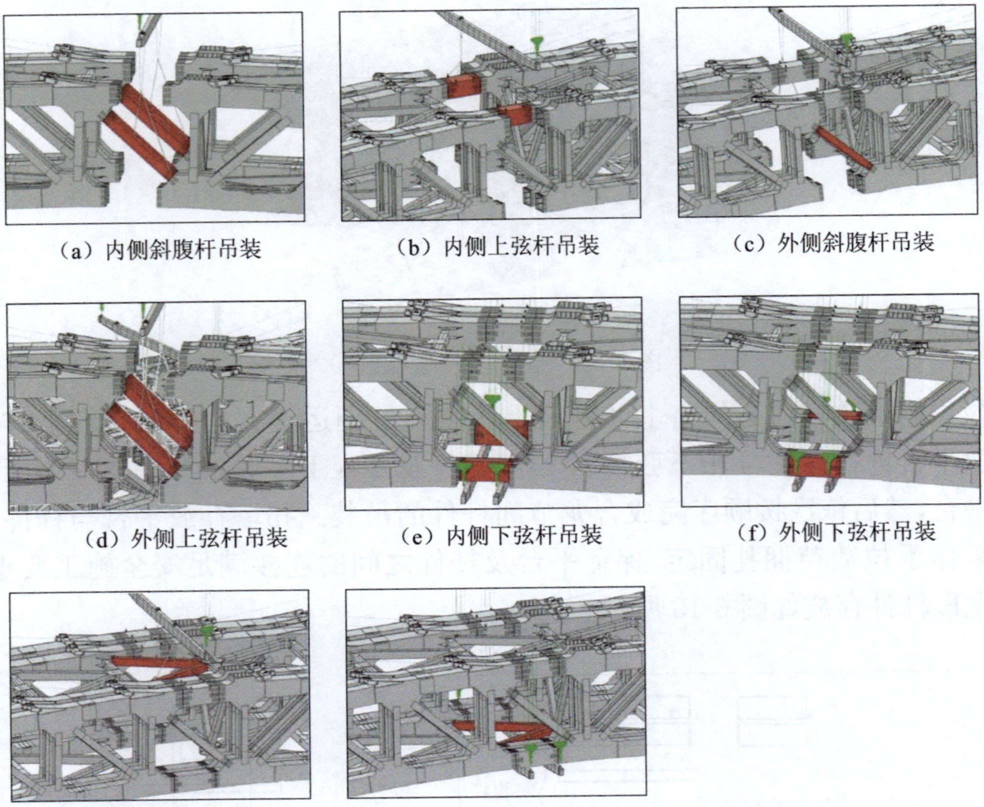

（a）内侧斜腹杆吊装　（b）内侧上弦杆吊装　（c）外侧斜腹杆吊装

（d）外侧上弦杆吊装　（e）内侧下弦杆吊装　（f）外侧下弦杆吊装

（g）上平联吊装　（h）下平联吊装

图 6-16　合龙段杆件吊装模拟

后进行扣锚索拆除。扣锚索放张严格按照对称的原则进行施工，确保斜拉扣挂体系稳定。扣锚索放张、拆索顺序如图 6-17 所示。

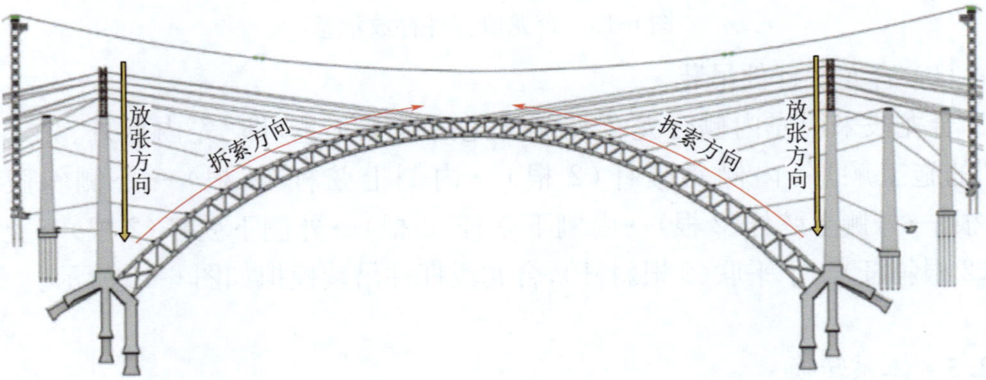

图 6-17　扣锚索的放张与拆除

6 材料与设备

BIM 系统软件及硬件配置见表 6-1 和表 6-2。

表 6-1 BIM 系统软件配置

序号	软件平台	软　件	功　能
1	3D Experience	Catia	主体结构、临时设施建模
2	3D Experience	Delmia	方案及工艺模拟
3	3D Experience	Simulia	有限元分析
4	Bentley	Context Capture	实景建模
5	其他	DP-Modeler	实景模型修饰
6	其他	Fuzor	道路通行模拟
7	其他	Cinema 4D	可视化工艺模拟
8	其他	Lumion	效果渲染

表 6-2 BIM 系统硬件配置

序号	类　别	配　置	数量	用　途
1	数据存储服务器	E5-2609 64G 内存	1 个	软件搭建、数据存储
2	软件授权服务器	E5-2609 64G 内存	2 个	数据缓存
3	台式工作站	I9-7920X 64G 内存	5 个	模型、模拟、渲染等
4	移动工作站	E5 32G 内存	2 个	远程办公、汇报展示

拱圈吊装主要设备配置见表 6-3。

表 6-3 拱圈吊装主要设备

序号	设备名称	规格	主要性能指标	数量	备　注
1	缆索吊机	$Q=4\times50$ t	跨度 685 m,工作有效跨度 548 m,承重索跨中最大挠度 42.8 m	1 套	拱圈吊装
2	龙 门 吊	100 t	工作级别 A3,跨度 16 m,高度 18 m,整机总质量 60 t	2 台	杆件转运
3	汽 车 吊	40 t	—	2 台	—
4	塔　　吊	TC6015-8	—	2 台	—
5	叉　　车	5 t	—	2 台	拼接板安装
6	运梁平车	100 t	—	1 辆	杆件转运

续上表

序号	设备名称	规格	主要性能指标	数量	备　注
7	千 斤 顶	50 t/32 t/16 t	—	6个/8个/10个	—
8	手拉葫芦	50 t/20 t/5 t	—	8个/8个/6个	—
9	电动扳手	2 000 N/1 500 N	—	40个/20个	高强度螺栓施工
10	扭力标定	2 000 N	—	2个	—
11	磁力电钻	HS35RE	—	6台	—
12	磁力起重	2 t	—	3台	—

7　质 量 控 制

7.1　建立三级质量管理机构，项目经理部设安全质量部，配置专职质检工程师，作业队设专职质检员，班组设兼职质检员。配齐人员，并做到职能相符，实施质量一票否决制。在严格内部“三检”制度的基础上，接受业主质量监督和监理单位的监督，接受社会工程建设监督部门的监督。

7.2　建立各管理人员及施工人员岗位质量责任制，明确各级管理职责，严格考核制度。

7.3　建立现场试验室等工地试验和检测系统，通过工艺试验，确定工艺参数，以指导施工。通过对工程材料的检验和对施工过程的检测控制，做到过程有序可控、有据可查。

7.4　坚持岗前技术培训和工前技术交底制度，提高施工人员操作技能和熟练程度，以工作质量保证工序质量，以工序质量保证工程质量，形成良性质量环。

7.5　严格按照设计和铁路桥涵工程施工验收标准进行主拱圈安装过程控制及相应的验收工作。

8　安 全 措 施

8.1　一般要求

8.1.1　成立以项目安全总监为组长，作业队负责人、现场管理人员为组员的环保、安全及文明施工小组，为工程顺利完成创造良好条件。

8.1.2　加强对施工人员的安全教育，增强安全意识，施工中贯彻落实“安全第一，预防为主，综合治理”的方针。

8.1.3 加强与地方交通管理部门的沟通协调，施工现场内外主要交通路口，设专人值勤；安全员定期对现场进行检查，发现安全隐患及时处理。

8.1.4 安全员每日对现场施工生产进行检查、监督，有权停止存在事故隐患的作业和对相关单位及责任人进行经济处罚。

8.1.5 油料存放在指定仓库内，与施工现场和生活区保持足够的安全距离，并悬挂安全警示标志；施工现场严禁焚烧废弃物，在现场和生活区配备足够数量的消防器材。

8.1.6 施工人员进场前必须先接受项目部、作业队、班组“三级”安全生产知识教育和岗位安全操作规程培训教育，经考试合格后方可上岗。

8.1.7 严禁施工人员酒后上岗。

8.1.8 高空作业、特种设备操作人员等特殊工种作业人员必须经地方安监、技监部门培训考核合格后持证上岗。

8.1.9 严格执行安全质量事故汇报制度，出现事故必须及时上报。

8.2 高空作业安全规定

8.2.1 从事高空作业的人员，身体必须健康，患有高血压、心脏病、贫血病、癫痫的人员不能从事高空作业。

8.2.2 高空作业前项目部应组织对作业人员进行高空作业常识、操作规程的培训，主拱圈拼装作业人员必须经相关部门培训，持证上岗。

8.2.3 六级强风或其他恶劣气候条件下，禁止吊装、登高作业，设专人负责测定、记录施工期间的风速和风级。

8.2.4 在吊篮内作业时，应事先对吊篮进行检查，吊篮所承受的负荷有一定的安全系数，作业人员必须系好安全带并有专人监护。

8.2.5 作业时应明确一人进行现场的统一指挥，高空作业人员衣着要灵活、轻便。作业人员必须按要求穿戴整齐劳动防护用品，不得在作业现场脱去劳动防护用品就地休息。

8.2.6 高空作业临边防护栏杆应满足规范要求，不低于 1.2 m，采用的材料应满足施工安全要求。

9 环保措施

9.1 生态环境保护措施

加强对《中华人民共和国野生动物保护法》《中华人民共和国渔业法》等法律法规的宣传，提高施工人员的生态环境及生物多样性保护意识。充分认识保护怒江及沿岸珍稀水生野生动物和生物多样性的重要性，施工前加强施工人员的环境保护、生物多样性保护宣传教育工作，严禁施工人员捕杀珍稀水生生物，以及破坏植被和随意猎捕野生动物的行为。

9.2　大气污染防治措施

加强车辆密封性，防止物料沿途散落，采取有效的防尘措施，降低进出工地及物料运输的车辆速度，洒水喷淋地面及车辆，尽量减少扬尘的排放，截断扬尘的扩散途径，保证施工场地周围区域空气环境达到《环境空气质量标准》(GB 3095—2012)二级标准的要求，并满足《关于有效控制城市扬尘污染的通知》(环发〔2001〕56 号)中的有关要求。施工期间通过控制运输车流量减少废气排放量。

9.3　噪声防治措施

注意保养机械，使机械维持最低声级水平；安排工人轮流操作机械，减少接触高噪声工作的时间；对在声源附近工作时间较长的工人，采取发放防声耳塞、头盔等保护措施，使工人能够进行自身保护。

采用砖围墙对电锯等噪声大的声源实行封闭式管理，对施工机械实行施工前检定，未达到产品噪声限值者不准使用等措施降低噪声污染。

9.4　水污染防治措施

对施工及生活中产生的污水或废水集中处理，在两岸施工营地设置沉淀池，负责处理生活污水，经检验符合《污水综合排放标准》(GB 8978—1996)环保标准后才能排放，排出的污水不得增加河流等水域中的悬浮物或造成改道冲刷、水质污染。

10　效益分析

10.1　经济效益

通过 BIM 技术进行方案可视化表达、发现施工碰撞、优化施工组织、提高拼装效率，最终实现基于 BIM 技术的桥梁数字建造技术，推动了 BIM 技术在铁路建设领域的应用发展。

10.2　社会效益

大瑞铁路是我国《中长期铁路网规划》中完善路网布局和西部开发的新建线路项目之一，也是我国西南进出境通道之一的中缅国际铁路通道的重要组成部分。怒江特大桥是大瑞铁路关键性控制工程，大桥主拱圈顺利合龙为全线开通创造了有利条件。

主拱圈吊装期间，中央电视台、各地方电视台等多家媒体多次对项目施工情况进行了报道，产生了良好的社会效益。

11 应用实例

怒江特大桥位于云南省保山市，是全长 1 024.20 m，主跨为 490 m 的上承式提篮钢桁拱桥，钢桁拱矢高 109.5 m，矢跨比为 1/4.475，拱轴线采用悬链线，拱轴系数 2.0。全桥孔跨布置为(7×41)m 连续钢混结合梁+(14×37.2)m 连续钢箱梁(拱上结构)+(5×41)m 连续钢混结合梁。桥上设车站，为四线铁路桥，桥面宽 24.9 m，线路线间距为 5.0 m，全桥用钢量达 4.6 万 t(拱圈 2.8 万 t，拱上钢立柱 0.6 万 t，主桥钢箱梁 0.7 万 t，引桥钢混结合梁 0.5 万 t)，是目前同类型桥梁中跨度最大的铁路拱桥。

怒江特大桥在钢桁架桥梁领域首次采用四片桁两片肋形式，拱肋内倾 3.658°，拱圈总重 2.8 万 t，单杆件最重达 94 t，由 40 个节段、926 根杆件组成，通过 70 多万颗高强度螺栓联结。

以 BIM 技术为主体，以数据为核心，将施工过程进行模拟，优化配置，实现了 BIM 技术在铁路工程施工过程中的三维可视化、项目协调化、精细控制化和质量可控化，提高了工程项目的管理效率及水平，有效地降低了工程风险。

参编单位：中铁十八局集团有限公司。

参编人员：田波、韩晓强、王芳、杨彦海、刘文荐、李海松。

七、桥梁节段预制胶接拼装箱梁施工工法

1 前 言

节段预制拼装施工方法是预应力混凝土梁式桥的一种施工方法，根据接缝形式不同，一般分为胶接缝和湿接缝两种形式，其中节段之间采用现浇混凝土连接的为湿接缝，节段之间采用环氧树脂胶粘结的为胶接缝。目前，在一些发达国家，采用胶接缝节段拼装施工的预应力混凝土桥梁已在高速公路、高速铁路、城市轨道中广泛采用。近年来，该类型结构在我国公路及城市轨道交通行业也多有应用，如上海明珠线、苏通大桥、广州地铁 4 号线、集美大桥等。在我国铁路桥梁工程方面，节段预制胶接拼装箱梁施工工艺首次使用并成功应用于黄韩侯铁路芝水沟特大桥 19 孔 64 m 和 2 孔 48 m 双线预应力混凝土简支箱梁中。通过总结黄韩侯铁路芝水沟特大桥的施工经验，形成本工法，以便推广。

2 工 法 特 点

2.1 整孔梁分为若干节段，在梁场工厂化预制，混凝土质量易保证，梁体外观质量高。

2.2 节段提前预制，预应力张拉时混凝土龄期长，后期收缩徐变小。

2.3 节段间采用胶接，节省钢束张拉前的养护时间，架设速度快；节段预制和下部结构同时施工，可大大缩短全桥工期。

2.4 节段间采用胶接，减少了桥位绑扎钢筋、浇筑混凝土等工序的时间，高空作业少，安全性高。

2.5 节段预制胶接拼装施工占地面积少，废弃物少，施工噪声小，利于环保。

3 适 用 范 围

本工法适用于中等及以下跨度预应力混凝土简支梁施工，节段预制连续梁、连续刚构施工可参照使用。

4 工艺原理

节段预制胶接拼装箱梁施工原理是把整孔箱梁按纵向分割成若干节段,节段在梁场采用长短线结合的方法进行匹配预制,节段混凝土龄期达到设计要求后,吊装到专用移动支架造桥机上,用环氧密封胶将节段粘结拼装成符合设计要求的桥梁形状,并张拉永久预应力钢束,使其达到整孔受力的状态。

5 施工工艺流程及操作要点

5.1 施工工艺流程

节段拼装工艺流程如图 7-1 所示,节段预制工艺流程如图 7-2 所示。

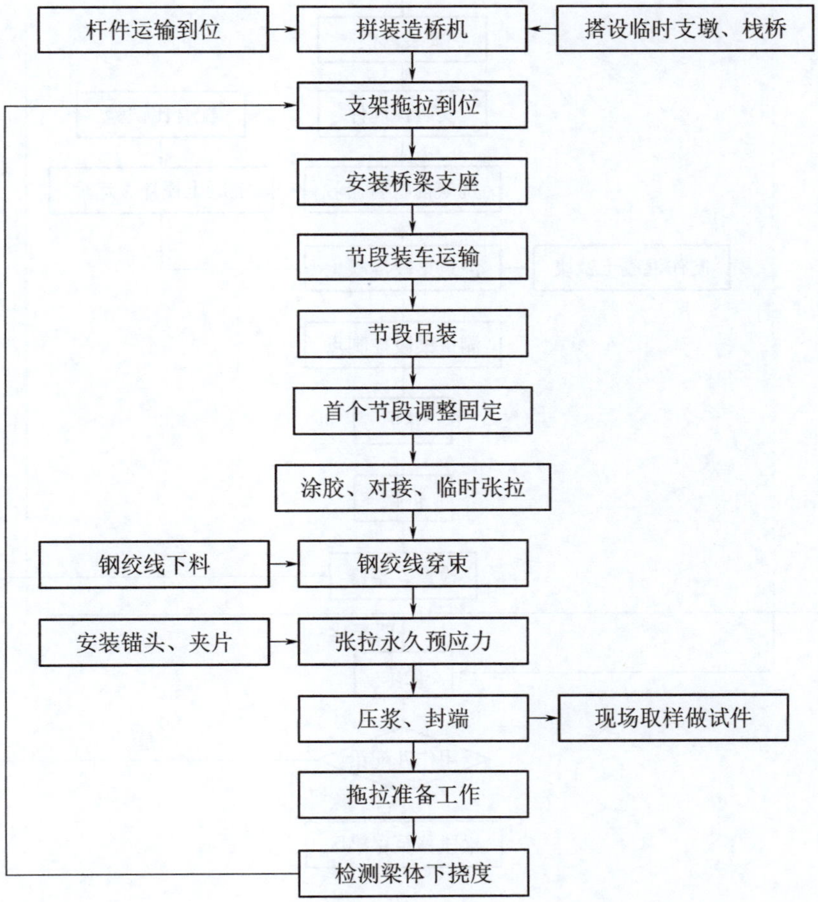

图 7-1 节段拼装工艺流程

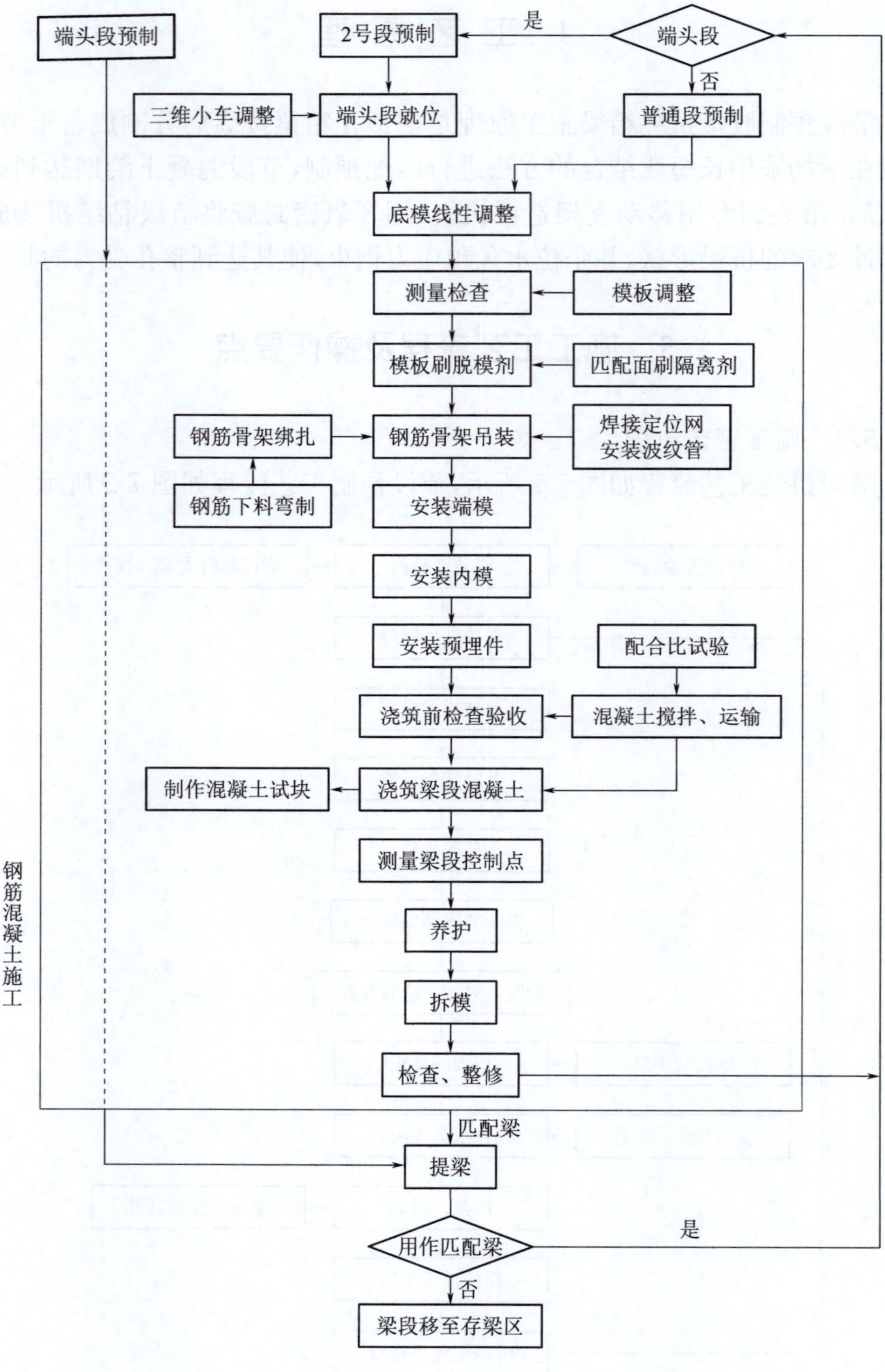

图 7-2　节段预制工艺流程

5.2 操作要点

5.2.1 节段预制

(1) 长短线结合法匹配预制

当前常用的节段预制方法主要有长线法和短线法两种。长线法发展较早,工艺比较成熟,全桥线形控制简单,但预制场地较大、台座基础要求高、工作效率低;短线法发展稍晚,预制场地较小、工作效率高,但其控制精度要求高。综合分析对比这两种施工方法,本工法采用长短线结合法预制节段,长短线结合法是综合短线法与长线法的优点,短线法只施工端节段,然后将此端节段移位到长线法台座施工后续节段,即第1节和最后1节用短线法预制,其余节段用长线法预制。

箱梁节段预制施工的总体操作步骤如下:

第一步,调整短线台座底模,安装短线台座固定端模,调整长线台座上底模到设计位置,如图7-3(a)所示。

第二步,预制首尾两个节段,如图7-3(b)所示。

第三步,将首尾节段吊装到长线台座上,用三维调节小车精确就位,如图7-3(c)所示。

第四步,用首尾节段作为匹配段预制下一个节段,如图7-3(d)所示。

第五步,从两端向跨中依次预制其余节段,如图7-3(e)所示。

第六步,移走一套模板,预制跨中节段,如图7-3(f)所示。

(2) 预应力管道成孔

预应力管道采用预埋塑料波纹管成孔,塑料波纹管用定位钢筋网片固定。塑料波纹管与固定端模间用单锥形橡胶堵头封堵,并用胶带密封,单锥形橡胶堵头通过螺栓锚固在固定端模上,固定端模上的螺栓孔根据设计图纸准确放样。波纹管与匹配梁间采用双锥形橡胶堵头连接。

(3) 涂刷隔离剂

隔离剂选择的是精面粉+双飞粉+水(60 ℃)。均匀涂刷两遍隔离剂,在钢筋骨架入模前完成并进行检查,对涂刷不均匀处或较薄处及时进行补刷。在节段脱开后,及时用钢丝刷和清水清理干净。

5.2.2 节段拼装造桥机

(1) 节段拼装造桥机简介

节段拼装造桥机采用上行悬吊、两跨迈步式,主要由承重梁、支撑系统、回转天车、悬吊系统、运梁装置、纵移过孔装置六大部分组成。承重梁采用桁架型,直接承受其自身及混凝土梁的重量;支撑系统分前支腿、中支腿、后支

（a）第一步

（b）第二步

（c）第三步

（d）第四步

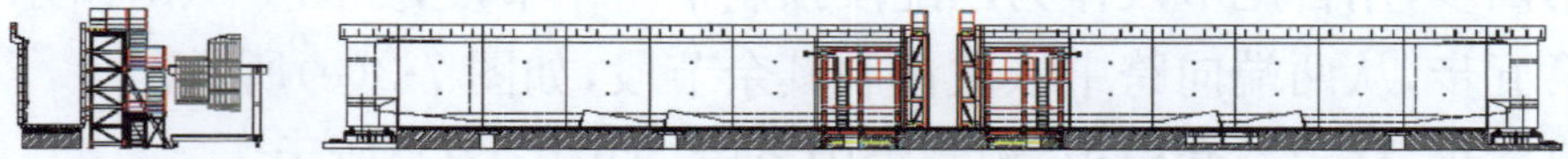

（e）第五步

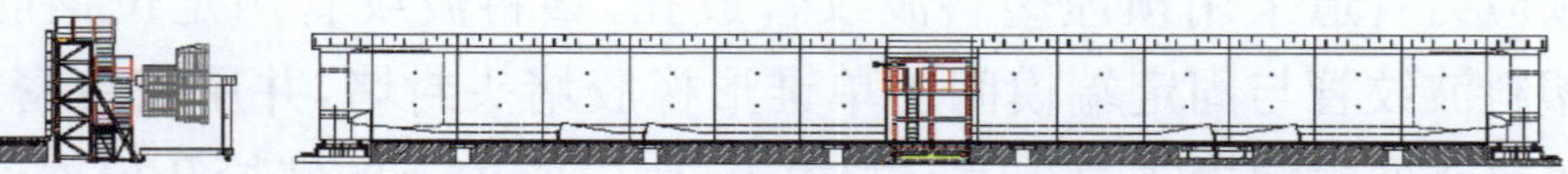

（f）第六步

图 7-3　箱梁节段预制施工总体步骤

腿三部分，将承重主梁上的荷载传递到已成桥墩或箱梁上；回转天车负责节段的起吊、旋转、就位等功能；悬吊系统将节段悬吊到承重主梁；运梁装置将预制场预制好的节段喂送到支架尾部；纵移过孔装置将支架纵移到下一待架孔位。

（2）主要参数

本工法使用的节段拼装造桥机参数见表 7-1。

表 7-1　节段拼装造桥机参数

序号	名　　称	技术参数
1	额定承载力	24 000 kW
2	架设桥跨	双线 48 m/64 m
3	混凝土梁形式	双线节段拼装预应力混凝土简支箱梁
4	容许工作纵坡	15‰
5	整机纵移速度	最大 0.45 m/min
6	主梁结构形式	双主桁桁架型
7	外形尺寸	147 m×11.8(5.8) m×7.5(6.3) m
8	整机重量	1 300 t
9	技术速度	胶接 8 d/孔
10	配套运梁设备	轮胎式运梁车(自行)

(3) 移位过孔

移位过孔步骤图 7-4 所示。

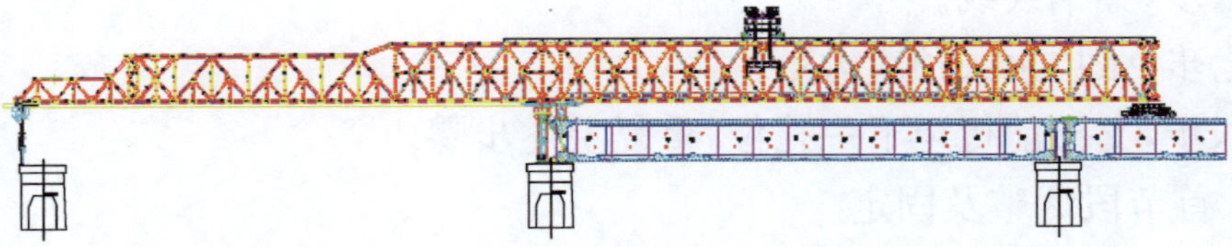

(a) 第一步

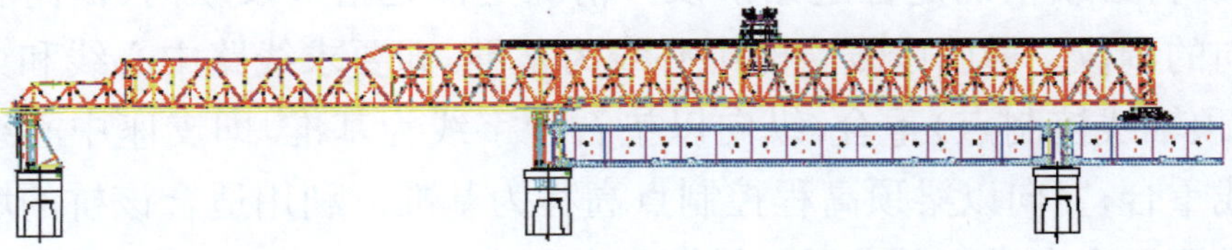

(b) 第二步

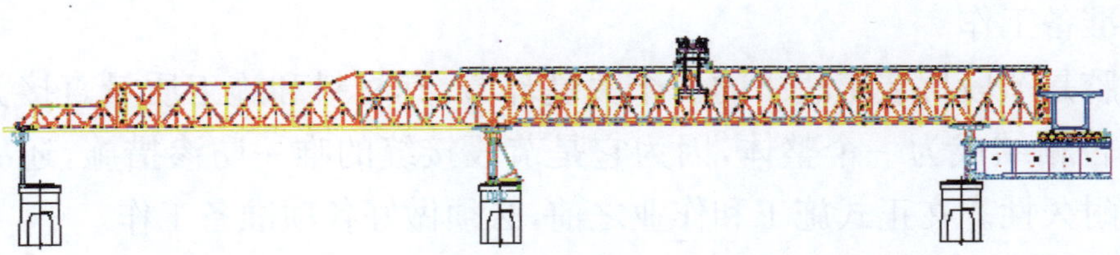

(c) 第三步

图 7-4　移位过孔步骤

第一步，顶升后支点，安装后支点小车，将后支腿倒运到中支点，如图 7-4(a)所示。

第二步，顶升中支点，脱空中支腿，使后支腿受力，顶升前支点，将中支腿倒运到前方墩，如图 7-4(b)所示。

第三步，拖拉支架至下孔位置，拆除后支点小车，准备架梁，如图 7-4(c)所示。

5.2.3 节段拼装

(1) 施工步骤

第一步，按照顺序将节段吊装到桥顶轮胎式运输车上，将节段运送到支架尾部。

第二步，利用回转天车将整孔节段按顺序摆放到支架上。

第三步，调整首节段位置，并将其与已成墩梁固定。

第四步，在首节段上涂抹环氧胶，用回转天车将第二个节段与首节段对接，张拉临时预应力。

第五步，依次组拼剩余节段。

第六步，穿钢绞线。

第七步，张拉永久预应力束。

第八步，支架前行至下一孔位，重复上述步骤。

(2) 首节段调整及固定

节段梁中的第 1 节段是整跨的起点，直接控制着整跨的线形及轴线，故在进行安装时，必须精确定位起始节段。精确定位是指节段纵向、横向和竖向三个方向的调位。横向以线路的中心线为基准，即要求线路中心线和梁体中心线(梁顶轴线控制点)重合；纵向以垫石十字线为基准，即支座中心线和垫石十字线重合；竖向以梁顶高程控制点高程为基准。利用适合该桥的墩顶首节段自动调梁台车进行首节段三维调整和固定。

(3) 涂胶

①准备工作

涂胶是节段拼装工法中的一个关键环节，其材料和施工质量直接关系到节段能否粘结成为一个整体，因为它是节段接缝的唯一防渗措施，还决定了桥梁的耐久性。在正式施工和作业之前，必须做好各项准备工作。

a. 为保证梁段顺利粘结，涂胶前需将接缝处混凝土表面的污迹、杂物清理干净。

b. 准备防雨、防晒设施，因雨水淋湿梁面会使胶体无法粘结在梁体上，而过强的阳光直射可能导致局部环氧树脂过早初凝，这两方面都会影响施工质量。

c. 预应力孔道口周围用环形橡胶垫粘贴，避免梁段挤压过程中胶体进入预应力孔道，造成孔道堵塞影响穿索。

②涂胶

采用单面涂胶，涂胶厚 3 mm，不能过厚，以能覆盖混凝土表面为宜。涂胶操作应自上而下、快速均匀进行，严禁出现漏涂现象，施工过程需要把作业时间控制在胶体初凝时间内，防止胶体结硬失效而无法正常粘结。

③拼装

当首节段涂胶完成后，回转天车吊运相邻节段向首节段靠拢，操作过程中要避免两个节段碰撞，当距离首节段 5 cm 时，调整节段的高程和中线位置，安装精扎螺纹钢，用 4 台 100 t 穿心千斤顶同时施力，精扎螺纹钢受力达到设计要求，使两个节段密贴，然后安装吊杆并预紧，回转天车卸载。按同样的方法拼装其他节段。

(4) 临时张拉

①临时张拉作用：一是固定梁段，保证在永久预应力张拉前，节段之间不会相对错动；二是提供胶体凝结所需的压力，每个截面设施工临时预应力，采用 8 根 ϕ32 mm 的精扎螺纹钢，顶板顶面设 4 根，腹板底部设 4 根，截面平均应力为 0.3 MPa。

②主要材料及设备：临时张拉采用 ϕ32 mm 的精扎螺纹钢，张拉设备采用 YC100A 型张拉千斤顶(吨位 100 t)，连接器为 JLM 型连接器。除主要设备、材料，还制作了安装在节段顶板、腹板预留孔洞起临时张拉支座作用的钢锚块。

③施工方法：做好临时张拉前的准备工作，即节段涂胶。节段涂胶完后，立即开始张拉，顶板、腹板上放入临时张拉支座的钢锚块并穿精扎螺纹钢，与前一节段的精扎螺纹钢用连接器接好，顶板、腹板须两侧同步分级张拉。

④注意事项。

a. 对称、同步张拉 4 根精扎螺纹钢。

b. 做好清理工作，张拉完成后及时清理挤出的胶，保证梁体外观整洁，并用通孔器清理预应力孔道。

⑤预应力钢绞线穿束与张拉

为了提高钢绞线的穿束效率，采用人工和机械牵引相结合的方式穿束。

预应力束采用两端对称张拉，张拉时严格按照设计图纸规定的张拉顺序进行张拉。在第一阶段预应力钢束张拉前，箱梁的全部重量以多支点的方式弹性支承在支架承重梁上。当预应力钢束开始张拉后，箱梁上拱，部分自重由梁体支座承受，同时支架承重梁反弹，上拉力发生变化。随着预应力钢束逐步张拉，箱梁自承能力越来越大，最后梁的重量由原来的支架承重梁承受转为混凝土箱梁承受。为防止上拉力过大而拉裂梁体，在张拉过程中要及时调整吊杆长度，以减少支架对混凝土的上拉力。

5.2.4 线形控制

(1) 预制线形控制

①建立控制网系统

a. 平面控制网

根据现场施工测量需要，在梁场范围内布设 4 个控制点，其中两个点为场内测量塔中心，另外两个点在梁场两侧不受施工干扰处，保证通视。施工中定期对控制网进行复核。

测量塔是实施节段测量控制的固定测控位置，上部采用强制对中装置，台座的纵向轴线与两测量塔的连线相重合，其高度能满足测量过程中的通视要求。

b. 高程控制网

建立二等闭合线路高程控制网，控制点采用平面控制网中的 4 个控制点，制梁施工中定期对高程控制网进行复核。

②台座底模控制

根据梁体压缩量和反拱度设置底模线形，每孔梁施工完毕进行复核。每块底模设置 4 个高程点和 2 个轴线点，反拱数值按照抛物线 $y=ax^2+b$ 设置。

③测量控制点布置

每一节段设 6 个测量控制点，其中 4 个用作高程控制，2 个用作轴线控制。

④节段测量控制

a. 端头节段浇筑

端头节段采用短线法预制，浇筑前要严格控制模板精度，浇筑完成后，埋设 4 个高程控制点和 2 个中线控制点标识，采集数据。

b. 端头节段定位

端头节段吊装到长线台座上用三维定位小车精确就位，一要保证 2 个中线控制点位于基线上，二要保证 4 个高程控制点绝对标高，三要控制 2 个端头节段纵向位置。

c. 其他节段浇筑

以前一节段为匹配面，浇筑前要严格控制模板精度，浇筑完成后，埋设 4 个高程控制点和 2 个中线控制点标识，采集数据。

（2）架设线形控制

在节段预制过程中，预制场根据线路的设计参数在待安装节段顶面预埋的轴线控制点、高程控制点等 6 个点的坐标有三种，分别为：设计坐标、预制理论坐标和预制实际坐标，其中设计坐标为最终成桥坐标，预制理论坐标是预制场根据设计坐标和预制分段计算出的每节段 6 个点的坐标。在预制过程中，为保证最终成桥坐标为设计坐标，后续节段须根据前一节段的预制误差进行修正，这便是预制实际坐标。预制实际坐标是架梁单位实施桥梁拼装线形控制的测点。

①节段测量控制

节段梁中的第 1 节段是整跨的起点，直接控制着整跨的线形及空间位置，在进行安装时，必须精确定位起始节段。首节段的调整采用墩顶首节段自动调梁台车进行。

②其余节段控制

一般来说，起始节段梁的位置可精确定位，直接支承于永久支座上，后续节段的定位均以此为标准。

③整孔箱梁测量控制

由于拼装过程存在累积误差或起始节段定位不准确，孔梁的空间位置难免会出现一定的偏差，因此在梁体完成永久预应力束张拉之后，用该跨的轴线和高程进行复核，当高程和轴线与理论值偏差大于 10 mm 时，需进行整跨轴线和高程的调整。节段梁高程和轴线的调整采用 4×800 t 扁平千斤顶进行。

a. 轴线调整

扁平千斤顶底面已设置四氟板，可通过扁平千斤顶水平顶推将整跨节段的轴线偏差调整到规范容许的范围内。

b. 高程调整

扁平千斤顶总高 400 mm，行程为 100 mm，分次调整到设计高程，转换到永久支座。

6　材料与设备

6.1　材料

预制节段箱梁胶接拼装技术在施工过程除使用钢筋、混凝土、钢绞线等常规材料外，还需使用环氧密封胶。

节段间粘结效果在结构设计上有着较高的要求——施工后所有节段应能成为一体、共同受荷。因此无论是在抗剪、抗压、抗弯拉强度上，还是针对结构外露性的特点而提出的抗老化、抗热性等方面，对胶接材料都有着明确的要求，其使用的环氧密封胶的主要技术指标要求见表 7-2。

表 7-2　环氧密封胶主要技术指标

项　目				性能要求	试验方法标准
物理性能	1	可施胶时间(min)		≥20	T/CECS 10080
	2	可粘结时间(min)		≥60	
	3	抗流挂性能(mm)		≥10	
	4	不挥发物含量(固体含量)(%)		≥99	GB/T 2793
	5	吸水率(%)		≤0.5	T/CECS 10080
	6	水中溶解率(%)		≤0.1	
	7	热变形温度(℃)		≥50	GB/T 1634.2
力学性能	8	伸长率(%)		≥0.5	GB/T 2567
	9	抗压强度(MPa)	12 h	≥20	
			24 h	≥60	
			7 d	≥80	
	10	抗拉强度(MPa)		≥32	
	11	抗弯强度(MPa)		≥45，且不得呈碎裂状破坏	
	12	混凝土与混凝土粘结后的压缩剪切强度(MPa)		≥14	T/CECS 10080
	13	压缩弹性模量(MPa)	瞬时	≥8 000	
			1 h	≥6 000	
	14	钢对混凝土正拉粘结强度(MPa)		≥3.0，且为混凝土本体破坏	
	15	钢对钢拉伸剪切强度(MPa)		≥18	GB/T 7124
	16	钢对钢 T 冲击剥离长度(mm)		≤10	GB 50728

续上表

项目				性能要求	试验方法标准
长期使用性能	17	耐湿热老化能力	在 50 ℃、95%相对湿度的环境条件下老化 90 d 后，室温条件下钢对钢拉伸抗剪强度降低率	≤10%	GB 50728
	18	耐冻融循环能力(寒冷地区)	在−25 ℃⟺35 ℃冻融循环温度下，每次循环 8 h，50 次循环后，在室温下进行钢对钢拉伸抗剪试验	与室温下短期试验结果相比，其抗剪强度降低率小于等于 5%	
	19	耐长期应力作用能力	在(23±2)℃、(50±5)%相对湿度环境下，承受 4.0 MPa 剪应力，持续作用 210 d	钢对钢拉伸抗剪试件不破坏，且蠕变的变形值小于 0.4 mm	
	20	耐疲劳应力作用能力	在室温下，以频率为 5 Hz、应力比 5∶1.5、最大应力为 4.0 MPa 的疲劳载荷下进行钢对钢拉伸抗剪试验	200 万次疲劳载荷作用后，钢对钢拉伸抗剪试件不破坏	
耐介质侵蚀性能	21	耐盐雾性能	5%氯化钠溶液、喷雾压力 0.08 MPa，试验温度(35±2) ℃，每 0.5 h 喷雾一次，每次 0.5 h，作用持续时间 90 d，到期钢对钢拉伸抗剪强度降低率	≤5%，且不得有裂纹或脱胶	GB 50728
	22	耐碱性介质作用	$Ca(OH)_2$ 饱和溶液、试验温度(35±2)℃、浸泡时间 60 d、到期进行钢对混凝土正拉粘结强度试验	强度不下降，且为混凝土破坏；试样外观不得有裂纹、剥离或起泡	
	23	耐酸性介质作用	5% H_2SO_4 溶液、试验温度(35±2)℃、浸泡时间 30 d、到期进行钢对混凝土正拉粘结强度试验	混凝土破坏；试样外观不得有裂纹或脱胶	

6.2 施工设备配置

施工使用的主要机具设备见表 7-3。

表 7-3　主要机具设备

机械名称		规格型号	主要性能指标	数　量
一、预制				
1. 起吊运输设备	龙 门 吊	移动式 200 t	—	1
	龙 门 吊	移动式 20 t	—	2
	装 载 车	Z50	—	1
2. 制梁设备	1 号梁段台座底模	—	—	1
	1 号梁段内外模	—	—	1
	普通梁段台座底模	—	—	2
	普通梁段内外模	—	—	4
3. 钢筋加工设备	交流电焊机	2X5-400	25 kW	8
	钢筋弯曲机	CW40	100 kV · A	2
	钢筋切断机	CQ40C	1. 1 kW	3
4. 混凝土施工设备	附着式振捣器	—	2. 2 kW	24
	插入式振捣器	—	50 棒	10
	插入式振捣器	—	30 棒	4
5. 综合类设备	卷 扬 机	JM3	3 t	4
	卷 扬 机	JM5	5 t	1
6. 其他	橡套电缆	50 mm^2	—	200
	橡套电缆	30 mm^2	—	250
	钢　　轨	50 kg/m	—	1 400 m
二、架设				
1. 造桥机	SX64/2200 型移动支架	SX64/2200	2 200 t	1
2. 起重运输设备	运 梁 车	200 t	—	1
	电动卷扬机	JM5	—	4
	电动卷扬机	JM3	—	2
3. 张拉压浆设备	灰浆搅拌机	LJJ325	—	2
	压 浆 泵	UB3	—	2
	张拉千斤顶	YCW400	—	5
	电动油泵	ZB4-500	—	5
	单束张拉千斤顶	YC26	—	2
	液压千斤顶	QLG-500	—	4
	穿心千斤顶	YC65A	—	2
	真 空 泵	MBV80	—	1

续上表

机械名称		规格型号	主要性能指标	数　量
4. 梁段调位装置	穿心千斤顶	YC100A	—	12
5. 小型起重设备	手拉葫芦滑车	10 t/5 t/3 t/1 t	—	4/10/10/5
	滑轮组	H5D×50	—	4
	卸　扣	5 t/10 t/50 t	—	10
	电动葫芦	5 t/10 t	—	2/2
6. 其他	橡套电缆	50 mm^2	—	1 450
	钢　轨	50 kg/m	—	2 800 m

7　质量控制

7.1　质量控制措施

7.1.1　建立高程控制网和坐标控制网，定期对其进行复核；设立观测塔和目标塔，使用强制对中装置；埋设4个高程控制点和2个中线控制点；采用三维定位软件对节段各施工阶段的6个测量点坐标实施精密定位计算和分析；做好原始数据记录，并经技术人员复核签字后按规定分类存档。

7.1.2　模板要有足够的强度和刚度，减少接缝，增强模板平整度，模板的质量是保证预制节段结构尺寸准确的前提，因此模板加工要求长宽误差小于等于0.5 mm，对角误差小于等于±1.0 mm，表面平整度用2 m靠尺检查，误差小于等于±1.5 mm。

7.1.3　进场主材（如水泥、钢筋、钢绞线、环氧树脂胶等）有出场合格证和出场检验报告，进场后严格按照铁路各相关规范对主材进行抽检复验；要严格控制地材的粒径及含泥量，使其满足设计要求；严格控制混凝土试件检测项目和频率，达到规范和设计要求。环氧树脂胶应由厂家提供第三方有资质的检测机构出具的两年内的全项性能检验报告和质量证明文件，进场后按照进场批次由第三方有资质的检测机构抽检。

7.1.4　严把混凝土搅拌、运输、浇筑关。混凝土采用拌和站集中拌和，用罐车运输，现场应对每车混凝土进行坍落度检查，灌注混凝土要求两侧对称、分层灌注，分层厚度不大于0.3 m，两侧最大灌注高差不超过0.6 m，避免模板因偏载而变形，振捣过程中防止漏捣或过振等现象发生，杜绝混凝土的质量通病。顶面采用刮平器整形，平板振捣器振捣。初凝前进行二次收浆。

7.2 节段预制与拼装质量标准

节段预制质量标准见表 7-4。

表 7-4 节段预制质量标准

序号	项目			允许偏差	检验方法
1	外形尺寸	节段长		$^{+3}_{-2}$ mm	检查节段底及桥面,尺量
		桥面宽度		$^{+5}_{0}$ mm	检查端头及跨中,尺量
		节段底宽		$^{+5}_{0}$ mm	检查端头及跨中,尺量
		节段高		$^{+5}_{0}$ mm	检查端头腹板处,尺量
		腹板厚度		$^{+10}_{0}$ mm	检查端头,尺量
		底板厚度		$^{+10}_{0}$ mm	检查端头,尺量
		顶板厚度		$^{+10}_{0}$ mm	检查端头,尺量
		腹板间距		±10 mm	检查端头,尺量
		桥面偏离设计位置		$^{+10}_{-10}$ mm	全站仪测量
		挡砟墙厚度		$^{+15}_{0}$ mm	尺量
		腹板侧面及端面垂直度		3 mm/m	吊线尺量两端支座处
		桥面平整度		3 mm	1 m 靠尺检查
		外露钢筋长度		±10 mm	尺量
		剪力键中心位置偏差		±2 mm	尺量
		剪力键尺寸偏差		±2 mm	尺量
		孔道直径偏差		$^{+3}_{0}$ mm	尺量
		支座板	中心位置	3 mm	尺量
			变形度	±3 mm	尺量
			平顺度	4 mm/m	尺量
			相邻节段位置偏差	3 mm	拉线测量
			支座板平面高差	1 mm	尺量
			支座螺栓中心位置	2 mm	用水平尺量
			支座中心至节段端	±15 mm	尺量
			支座中心线横向距离	±5 mm	尺量
2	电缆槽竖墙、伸缩装置预留钢筋			±20 mm	尺量,数量齐全,型号准确
	接触网支架座钢筋			±20 mm	尺量,数量齐全,型号准确
	泄水管			—	数量齐全,型号准确

节段拼装质量标准见表 7-5。

表 7-5　节段拼装质量标准

序号	项　目		允许偏差及质量要求	检验方法
1	梁体尺寸	梁 全 长	±20 mm	检查桥面及底板两侧，放张/终张拉 30 d 后测量
		梁 跨 度	±20 mm	检查相邻墩（台）支座中心至中心，放张/终张拉 30 d 后测量
		梁　高	$^{+10}_{-5}$ mm	检查两端
2	线形及相对位置	桥面中心线偏差	10 mm	检查 1/4 跨、跨中、3/4 跨和梁两端，尺量
		梁体上拱度	$L/3\ 000$	检查跨中，终张拉 30 d 后检查
		相邻节段中心线偏差	3 mm	检查端头，尺量
		相邻节段高差	±3 mm	检查端头，尺量
3	表面倾斜偏差		3 mm/m	检查两端，抽查腹板
4	梁面平整度		3 mm	检查 1/4 跨、跨中、3/4 跨和梁两端，1 m 靠尺量
5	底板顶面平整度		10 mm/m	尺量
6	接触网支柱基础预埋螺栓距桥面中心线偏差		$^{+10}_{0}$ mm	测量检查
7	防护墙	桥面及防护墙内侧宽度	±10 mm	检查 1/4 跨、跨中、3/4 跨和梁两端
		防护墙厚度	±5 mm	尺量，检查跨中、梁两端和最大误差处
8	支座板	四角高差	2 mm	尺量
		支座中心线偏离设计位置	3 mm	
		螺 栓 孔	垂直支座板	
		螺栓孔中心偏差	2 mm	尺量每块板上 4 个螺栓中心距
		外露底面	平整无损、无飞边，防锈处理	目测

续上表

序号	项　　目		允许偏差及质量要求	检验方法
9	预埋件	桥面预留钢筋	设置齐全、位置正确，±10 mm	用钢卷尺测量，符合设计要求
		防落梁预埋板	位置尺寸正确	
		接触网支柱预埋件	位置尺寸正确	
		声(风)屏障预埋件	位置尺寸正确	
		伸缩缝预埋件	形状、位置尺寸正确	
		检查梯拉手预埋件	尺寸准确，安装正确	
		接地端子	位置正确，安装牢固	
		泄水管、管盖	位置正确，安装牢固	
10	防 水 层		应符合 TB 10415 的规定	按 TB 10415 执行

8　安全措施

8.1　现场安全保证措施

8.1.1　施工现场的布置符合防火、防爆、防洪、防雷电等安全规定及文明施工的要求。施工现场的生产生活办公用房、仓库、材料堆放场、停车场、修理场按批准的总平面布置图进行布置。

8.1.2　现场道路平整、坚实、保持畅通，危险地点悬挂安全标志和符合安全规定的标示牌，施工现场设置大幅安全标语。

8.1.3　现场的生产、生活区设足够的消防水源和消防设施网点，消防器材有专人管理，不乱拿乱放。各类房屋、库棚、料场等安全消防距离符合有关规定，现场的易燃杂物随时清理，严禁在有火种的场所或其附近堆放易燃物品。

8.1.4　施工现场的临时用电严格按照《施工现场临时用电安全技术规范(附条文说明)》(JGJ 46—2005)的规定执行。

8.1.5　从事爆破、电力、高空作业及起重作业等特殊作业人员，各种机械的操作人员及机动车辆驾驶人员，经过劳动安全管理部门专业培训并考试取得“安全操作合格证”后，才能独立操作。

8.1.6　施工现场设立安全标志。危险地区悬挂“危险”“禁止通行”或“严禁烟火”等标志，夜间设红灯警示。

8.2 节段预制、存放安全保证措施

8.2.1 施工现场设置围挡，非工作人员不准进入场内；施工人员、管理人员进入施工现场必须戴安全帽、穿工作鞋及工作制服。

8.2.2 应根据设计轮压，对龙门吊机的走行轨道地基进行处理和加固，经检验确认地基稳固后方可铺设轨道。龙门吊及场内吊车作业由专人指挥，各类机械设备由专人操作。机械作业时，严禁任何人员在其影响范围内站立或行走。

8.2.3 节段的存放不超过三层，且应防止梁段堆放时存在不合理受力。梁段采用硬质方木支垫，支垫原则是调整垫木的高度，保证梁段顶面水平。

8.2.4 对作业人员进行全面的技术交底后实施，制定并落实班前设备检查制度、维修制度和班前交底制度。

8.3 节段安装施工安全保证措施

8.3.1 造桥机应按现行国家标准《起重机械安全规程》(GB/T 6067)的规定安装超载限制器、缓冲器、制动器、止轮器等安全装置。

8.3.2 造桥机上的通道、临边部位进行维护封闭，操作点无法封闭的部位，设置防坠安全网。

8.3.3 作业前认真检查造桥机各部位状态是否良好，特别是联结螺栓、吊具、卷扬机固定端、钢丝绳等；检查前支腿和后支腿支撑是否牢固有效。

8.3.4 吊梁时，先起吊 150 mm，对制动装置进行检验，确定有效后正式起吊移动就位。

8.3.5 造桥机过孔时，对轨道、运行系统、导梁系统进行系统检查，确认系统正常，轨道障碍清除完毕。过孔后，对造桥机就位状态进行检查，确保工作可靠。

8.3.6 节段起重作业指挥人员和操作人员位置要得当，防止节段有较大摆动时被挤伤、坠落。运梁时要有专人跟踪，发现有挂、卡、擦等现象及时调整。

8.3.7 预应力施工时，不许踩踏攀扶油管，油管如有破损及时更换，确保高压油管的安全可靠；千斤顶内有油压时，不得拆卸油管接头，防止高压油射出伤人；油泵电源线应接地避免触电；要保持安全阀的灵敏可靠；张拉时，千斤顶后面严禁站人，张拉人员站在千斤顶两边侧面操作。

9 环保措施

9.1 认真学习有关环境保护、水利设施保护、防止水土流失、施工现场管理方面的规定和文件，制定相应的措施和办法，预防和消除任何因施工造成的环境污染。

9.2 对于农田、水利设施予以保护，尽量少占农田、耕地。对于临时用地，不乱取、弃土，合理规划，施工中认真做好防护工程，防止水土流失。

9.3 及时清理施工现场，施工废水不随意排放，尽量维持现有渠道、道路的畅通，保护生态平衡。运输道路经常洒水，避免扬尘。

9.4 采取有效措施控制现场的各种粉尘、废气、污水、固体垃圾及噪声振动对周围环境的污染和危害。不在现场焚烧各种有毒的物质，防止对空气造成污染，在距居民区较近处施工时，尽量不在夜间进行有噪声的作业。

9.5 设备选型优先考虑低噪声产品，设备底座设置防振基础，采取措施或改进施工方法，如采取消声、吸声、隔声、阻尼或安装隔振装置等措施，使施工噪声、振动达到施工场界环境标准。机械设备合理布置，正确安装、固定，减少阻力及冲击振动。

9.6 合理布置各种施工作业区和生活工作区，利用距离、隔墙使噪声大幅度自然衰减。选用低噪声的施工工艺和方法，夜间不安排噪声大的机械施工。因工艺要求必须连续施工的须办理夜间施工许可证。

9.7 进入现场的机械、车辆必须做到不鸣笛，不急刹车；汽车在等候装土时开启小油门或停车，加强设备维修，定时保养润滑，消除或减少噪声。

9.8 严禁垃圾乱倒、乱卸或用于回填。施工现场和施工营地设垃圾站，各类生活垃圾按规定集中收集，每班清扫、每日清运。工程完工后，清除各种垃圾。

10 效益分析

10.1 社会效益

节段预制胶接拼装施工工艺不但实现了新工艺的成功应用，还实现了技术水平的跨越，双线 64 m 预应力混凝土简支箱梁施工速度达到 8 d/孔，远超同类型桥梁采用节段预制湿接、现浇施工工艺的施工速度。

10.2 环保和节能方面

10.2.1 与现浇梁相比

(1) 因为吊装作业安全性较好，桥下不用搭设支架，施工过程可不中断交通，适宜交通繁忙地段施工。

(2) 对环境影响小，具有环保优势。由于不搭支架，桥下场地无需进行大范围特殊处理，对地面环境影响较小；另外，没有现场浇筑和养护混凝土，避免对周围环境造成污染。

(3) 大大缩短工期。节段预制可与桥梁下部施工同步进行,而现浇施工需搭设支架,等待拆除支架和模板,每孔所需时间远远大于节段拼装。

(4) 节省大量的支架和模板费用。现浇施工所需的支架数量巨大,尤其是墩柱高的时候,整孔模板需大量钢板等材料;而节段拼装不用支架,只要几套节段模板,就能预制出全桥各种曲线和坡度的梁。

(5) 外观质量好。由于节段模板尺寸小,加工和安装质量标准高,预制出的节段外观质量可以达到很高的水平,而现浇模板由于尺寸太大,加工和安装质量受到很大影响,所以成品的外观质量会逊色得多。此外,对于曲线桥,现浇施工只能采取“以折代弯”,而节段拼装却可通过短线匹配预制法处理地较为圆顺、平滑,桥梁架设成型后两种线形质量存在非常大的差别。

10.2.2 与节段预制湿接相比

(1) 施工质量好。节段预制湿接需要在造桥机上现浇湿接缝混凝土,施工质量难以保证,在接缝处容易产生错台、混凝土更容易出现蜂窝麻面,影响外观质量。预应力张拉时,湿接缝混凝土龄期短,会产生一定的收缩徐变。节段预制胶接整孔梁全部在梁场预制,混凝土质量容易得到保证,整孔梁外观质量好,预应力张拉时混凝土龄期较长,收缩徐变很小。

(2) 线形控制好。节段预制采用匹配法工艺,施工精度高,整孔梁实际线形与设计线形误差可以控制在 0.5 mm 以内,远大于湿接缝施工的 5 mm 误差。

(3) 更环保。湿接缝工艺预制节段梁端头需要凿毛,噪声和粉尘污染危害工人健康;湿接缝混凝土现浇施工,对城市交通和环境有较大影响。胶接缝可以避免或减少以上危害。

(4) 施工速度快。双线 64 m 简支箱梁采用胶接法施工速度为 8 d/孔,采用湿接法施工速度约为 16 d/孔。

11 应用实例

芝水沟特大桥是黄韩侯铁路陕西段的重点控制工程之一,科技含量高,设计标准高,精度要求高,施工难度大,突破传统的湿接缝施工工艺,采用节段预制胶接拼装箱梁施工。

芝水沟特大桥位于黄韩侯铁路北塬至芝阳新建双线段内,全桥长 1 608 m,孔跨布置为:1－48 m＋1－64 m＋1－48 m＋18－64 m＋6－32 m＋

1－24 m 预应力混凝土简支梁，其中 0 号台～21 号墩布置为 19 孔 64 m 和 2 孔 48 m 预应力混凝土简支箱梁，采用节段预制胶接拼装工艺施工。

64 m 预应力混凝土简支箱梁构造如图 7-5 所示，全长 66.2 m，计算跨度为 63.8 m。每跨 15 个节段，14 个胶接缝，预制节段长度分为 3.2 m 和 4.6 m 两种，64 m 梁需要预制 285 个节段，梁段最大重量 156 t。

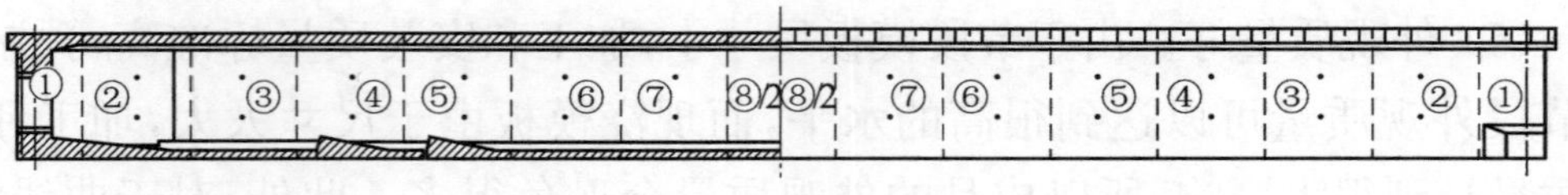

图 7-5　64 m 预应力混凝土简支箱梁构造示意

48 m 预应力混凝土简支箱梁构造如图 7-6 所示，全长 50.2 m，计算跨度为 47.8 m。每跨 11 个节段，10 个胶接缝，预制节段长度分为 3.5 m 和 4.8 m 两种，48 m 梁需要预制 22 个节段，梁段最大重量为 168 t。

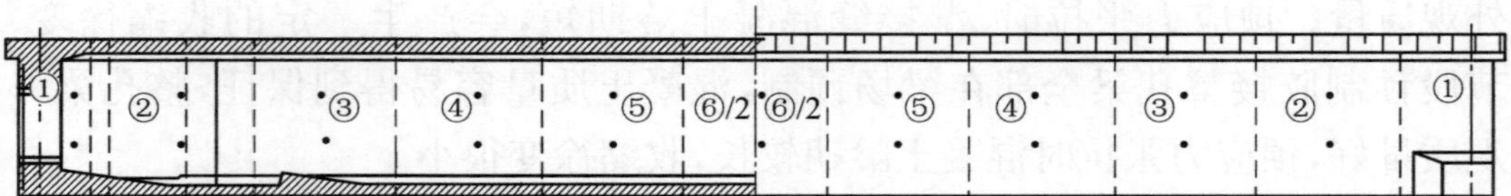

图 7-6　48 m 预应力混凝土简支箱梁构造示意

铁路桥梁节段预制胶接拼装箱梁施工工法成功应用于黄韩侯铁路芝水沟特大桥，将节段预制从湿接工艺突破到胶接工艺，是我国铁路桥梁史上的一次壮举。在施工过程中成功研制了节段预制胶接造桥机，攻克了桥梁线形控制、造桥机与混凝土梁受力体系转换等技术难题，大大缩短了施工工期，其拼装架设速度由湿接工艺的 16 d/孔改进到胶接工艺的 8 d/孔。该桥于 2013 年 4 月 6 日—2014 年 9 月 2 日顺利完成预制；于 2013 年 12 月 3 日开始架设，2014 年 10 月 15 日顺利完工。

参编单位：中铁第五勘察设计院集团有限公司。

参编人员：周光忠、江忠贵、韩晓强、王芳、尚庆保、张宁辉、李亮。